新ブリッジブック

法 社 会 学

― 臨床的アプローチ ―

和田仁孝
西田英一 編
仁木恒夫

Bridgebook

信山社
Shinzansha

⟪ は し が き ⟫

　前世紀後半、法社会学は、一つの学問として着実な歩みを示してきた。日本社会の構造的改革という戦後の研究者すべてに課せられた重い実践的課題を、法社会学も負いつつ、かつ新たな学問領域として、いわばその象徴的存在としての意義を担ってきたといってよい。

　他方で、新しい学問としての法社会学にとって、既存の法学領域への貢献といった二次的役割を脱却し、独立した固有の学問としての地位を確立することも、わが国法社会学の発展を牽引する強い動機付けでもあった。いわゆる実定法学の「侍女」としての立場から「固有の法社会学」の確立へという流れである。

　実際、法社会学は、隣接諸科学の理論的枠組みや方法論を応用することを通して、単に、実定法学への資料的貢献をなすような位置から、独自の固有の学問分野としての地位を確立してきたように思う。社会学、心理学、経済学等の諸理論が、法社会学に取り込まれつつ、実定法学者等が行う調査とは別の理論的背景に根ざした成果が生み出されてきている。法社会学は、この間、独立した一分野としての地位を確立し、世界的に見ても、わが国法社会学のプレゼンスは大きく向上してきている。

　しかし、他方で、法社会学の発展は、別様の「喪失」を伴ってきているように思われる。第一に、精緻な理論の構築、確固とした方

法論への志向は、反面として、他分野との知の交流への道を閉ざす方向に働いてはいないだろうか。実定法学への資料提供といった二次的役割からの脱却を目指した結果、実定法学との接点そのものをも喪失する結果に陥ってはいないだろうか。もとより、実定法学の側にも自閉的傾向が強まっている可能性はあるが、なんらかの接点と交錯の道筋を考えていくことは法社会学にとっても重要な課題であろう。

第二に、同じ傾向が法社会学内部においても見られるのではないだろうか。個々の法社会学者は、その理論的、方法論的立場を確立し、それぞれに依拠する枠組みに基づいて成果を生み出している。そのこと自体は、誤りではなく、学問の発展の一つの証左とも言える。しかし、その相互間の対話と知的交錯の機会ないし、プラットフォームが、いまやほとんど喪われてしまっているといえないだろうか。そうだとすれば、その結果は、自閉した研究の進行が、隣接諸分野のみならず、法社会学そのものの分解にもつながる可能性さえある。

第三に、過去の法社会学を強く取り巻いていた熱気と、社会へのまなざしが薄れていることはないだろうか。個々の研究者の研究の中に、仔細に読み解いていけば、社会への強いまなざしと熱気を見出すことは可能である。決して、そうした問題意識や社会構造への強い実践的かかわりの意思が喪われたわけではなく、そこかしこにその端緒を見出すことができる。しかし、それらが結び合わされ、対立であれ、競合であれ、協働作業として可視化されることはあまりない。かつてのような学界全体が共通の大きな課題を共有するような状況は、もはや考え難いとしても、個々のローカルな課題の場

における価値と実践への志向は、今後も重要な課題であり続けるはずである。

　こうした状況を踏まえ、我々は、もう一度、法批判、社会批判の学としての法社会学のありかを探っていく必要がある。その際にキーワードとなるのは、価値を必須の要素とする「臨床」という概念である。科学的・客観的認識というより、その関わる問題への何らかの処方箋を検証する視点がそこには含まれている。科学的、数理的に心的現象を解析しようとする科学的心理学に対して、精神疾患をかかえた患者への治療やケアから発展した臨床心理学には、認識以上の価値・目的が学問の特性の中に組み込まれている。臨床法社会学も同様の特性を持つ。

　もちろん、客観的認識が、価値志向的・批判的検討を背景に秘めていることも多いだろうし、客観的事実認識こそ価値志向的判断の前提として重要であるという反論もあるだろう。にもかかわらず、やはり、科学性・客観性への志向は臨床学の必須の要素としての価値志向を薄弱化してしまうことは否めない。あるいは、価値からの距離、客観性を標榜することで、実は逆に、無意識に一定の価値への貢献を果たしてしまっているかもしれない。

　「臨床」という概念は、多様性の中で隣接諸分野との接点および学問内部での対話が希薄化した法社会学の領域で、再び意義ある結節点としての作用を果たす可能性を秘めている。

　本書は、法社会学研究者および隣接領域の研究者のみなさんに、こうした意図を念頭に含んでもらい、様々な分野との対話を前提とした法社会学の構築にアプローチしてもらおうとするものである。

こうした試みが隣接分野と、そして法社会学内部での対話の活性化につながればと思う。なにより、本書を手にとった初学者には、隣接分野との対話を期待する「臨床」法社会学のおもしろさを少しでも伝えることができればと願っている。

　2022 年 2 月

和 田 仁 孝

西 田 英 一

仁 木 恒 夫

【目　次】

◆第3部◆　実定法学との対話

編者紹介

● **和 田 仁 孝**（わだ・よしたか）...................... **第 1 章、第 4 章、第 6 章**

早稲田大学大学院法務研究科教授
京都大学大学院博士後期課程単位取得退学。博士（法学）

〈主要著作〉

『民事紛争交渉過程論』（信山社、1991 年〔増補第 2 版、2020 年〕）、『民事紛争
処理論』（信山社、1994 年）、『法社会学の解体と再生──ポストモダンを超え
て』（弘文堂、1996 年）、『法の権力とナラティヴ──法臨床学への転回 1』（北
大路書房、2020 年）、『紛争過程と ADR ──法臨床学への転回 2』（北大路書房、
2020 年）、『過程としての裁判と法専門家──法臨床学への転回 3』（北大路書
房、2021 年）

● **西 田 英 一**（にしだ・ひでかず）...................... **第 3 章、第 8 章**

甲南大学法学部教授
京都大学大学院法学研究科博士課程中途退学

〈主要著作〉

『声の法社会学』（北大路書房、2019 年）、『語りから学ぶ法社会学──声の現場
に立ち会う』（北大路書房、2021 年）、『振舞いとしての法──知と臨床の法社
会学』（共編、法律文化社、2016 年）

● **仁 木 恒 夫**（にき・つねお）...................... **第 2 章、第 10 章**

大阪大学大学院法学研究科教授
九州大学大学院法学研究科単位取得満期退学。博士（法学）

〈主要著作〉

『少額訴訟の対話過程』（2002 年、信山社）、『リーガルコーディネーター』（共
著、2005 年、信山社）、『ブリッジブック民事訴訟法（第 3 版）』（共著、信山社、
2022 年）

執筆者紹介

(五十音順)

● **大 坂 恵 里**（おおさか・えり）・・・・・・・・・・・・・・・・・・・・・・・・・・・・・・・・ **第 13 章**

東洋大学法学部教授

早稲田大学大学院法学研究科博士後期課程単位取得退学。LL.M.

　〈主要著作〉

『スリーステップ　債権各論』（共著、成文堂、2022 年）、『原発事故被害回復の法と政策』（共編著〔淡路剛久監修〕、日本評論社、2018 年）、「福島原発事故賠償の実態と課題」『現代日本の法過程 宮澤節生先生古稀記念 下巻』（信山社、2017 年）

● **酒 井 博 行**（さかい・ひろゆき）・・・・・・・・・・・・・・・・・・・・・・・・・・・・・・・ **第 14 章**

北海学園大学法学部教授

九州大学大学院法学府博士後期課程中退。博士（法学）

　〈主要著作〉

『民事手続と当事者主導の情報収集』（信山社、2018 年）、『判例民事訴訟法入門』（共著〔川嶋四郎編著〕、日本評論社、2021 年）、「弁護士会照会に対する報告義務の判断構造」『民事訴訟法の理論 高橋宏志先生古稀祝賀論文集』（有斐閣、2018 年）

● **西 川 佳 代**（にしかわ・かよ）・・・・・・・・・・・・・・・・・・・・・・・・・・・・・・・・ **第 12 章**

横浜国立大学大学院国際社会科学研究院国際経済法学専攻教授

九州大学大学院法学研究科博士課程単位取得満期退学

　〈主要著作〉

『ブリッジブック民事訴訟法（第 3 版）』（共著、信山社、2022 年）、「民事紛争処理過程における執行制度の機能(1)(2・完)」民商法雑誌 109 巻 3 号、4・5

号（1993・94 年）、「民事紛争処理手続からみた諫早湾干拓紛争」法学セミナー 766 号（2018 年）、「執行 ADR の必要性」判例タイムズ 1043 号（2000 年）

● 平 山 真 理（ひらやま・まり）‥‥‥‥‥‥‥‥‥‥‥‥‥‥‥ 第 15 章
白鴎大学法学部教授
関西学院大学大学院法学研究科博士課程後期課程単位取得満期退学。LL.M.

〈主要著作〉
『ブリッジブック法システム入門──法社会学的アプローチ』（共著、信山社、2008 年〔第 4 版、2018 年〕）、『刑事訴訟法教室』（共著、法律文化社、2013 年）、『刑事政策がわかる』（共著、法律文化社、2014 年〔改訂版、2019 年〕）

● 南 野 佳 代（みなみの・かよ）‥‥‥‥‥‥‥‥‥‥‥‥‥‥‥ 第 5 章
京都女子大学法学部教授
京都大学大学院法学研究科博士後期課程退学

〈主要著作〉
『法曹継続教育の国際比較──ジェンダーで問う司法』（編著、日本加除出版、2012 年）、「法曹継続〉教育とジェンダー」ジェンダー法研究創刊第 1 号（2014 年）、"Introducing Gender Training in Judicial Education in Japan to Support the Judiciary" *International Journal of Legal Profession* Vol.21 number3 (2015)、「日本の法曹に対するジェンダーに関する継続教育の必要性」『性暴力被害の実態と刑事裁判』（信山社、2015 年）、「『フェミニズム法と社会研究』を目指して」法と社会研究 4 号（2019 年）

● 山 田 恵 子（やまだ・けいこ）‥‥‥‥‥‥‥‥‥‥‥‥‥‥‥ 第 11 章
西南学院大学法学部准教授
神戸大学大学院法学研究科博士後期課程単位取得満期退学

〈主要著作〉
『ADR ／メディエーションの理論と臨床技法』（共著、北大路書房、2020 年）、

「リアリティとしての法と心理──法律相談を素材として」神戸法学年報 25 号（2009 年)、「リーガル・カウンセリング論の再文脈化」『振舞いとしての法──知と臨床の法社会学』（法律文化社、2016 年)

● 吉 田 直 起 (よしだ・なおき) ⋯⋯⋯⋯⋯⋯⋯⋯⋯⋯⋯⋯⋯ **第 7 章、第 9 章**
清和大学法学部専任講師
大阪大学大学院法学研究科博士後期課程単位取得満期退学。博士(法学)

〈主要著作〉
『ブリッジブック民事訴訟法（第 3 版)』（共著、信山社、2022 年）「司法ソーシャルワークにおける支援対象者の自律性(1)（2・完)」阪大法学 67 巻 6 号、68 巻 1 号（2018 年)、「ネットワーク型多職種協働の二つの展開可能性」阪大法学 69 巻 2 号（2019 年)

新ブリッジブック

法社会学

◆ 第1部 法と社会論の基礎

● 第1章 ●
法社会学の構図

　法社会学は、法に関わる現象に、社会科学的方法を用いてアプローチし、分析していく学問領域である。そこで用いられる社会科学的方法は、社会学、人類学、政治学、心理学などなど、きわめて多様であるし、また解くべき対象も、法がかかわる様々な領域の様々な問題ということになる。この多様性こそが、法社会学の特徴であり強みでもある。しかし、法社会学の歴史を見る限り、そこにもやはり一定の共通する枠組や、一貫して存在する対立もある。本章ではそうした点に留意しながら、法社会学の発展とその構図を概観していくことにしよう。

1　法社会学の生成　● ● ● ●

《(1) マックス・ウェーバー——法社会学の源流 1

　法社会学の源流とみなすことのできる学者は多くいるが、マックス・ウェーバーをそこに加えることに異を唱える者はいないだろう。マックス・ウェーバーは、なぜ西洋近代においてのみ合理的な思考が生成したのかを追求した知の巨人である。合理性は、ウェーバーの思考を貫く一つのキー概念であり、それを政治、経済、法、

宗教さらには音楽に至るまで、膨大な著作を通じて分析したのである。

　なぜ、西洋近代においてのみ合理的な資本主義経済が成立したのかについて、彼は、それ以前の「獲得した富はそのまま消費する」という心的態度から、「富を貯蓄しいっそう増加させていくこと」に努める資本主義の前提となる精神への変容の根底に、プロテスタンティズムの宗教的倫理があったと考えた。プロテスタンティズムの教理では、神は、救済されるべきものとされないものを、あらかじめ既に選別している（予定説）。あらかじめ選別されているのであれば、善行を重ねても意味はなく、自分は救済されるのかそうでないのかについて不安に苛まれてしまう。そこで人々は、浪費や贅沢を避けて、神に救われる人間なら行うであろう行動、すなわち、勤勉な労働と禁欲的な生活を営んで、自分は救済されるのだと思い込もうとするようになる。こうして成立した勤勉と禁欲を基盤とする精神は、投機的な金儲けとは異なり、富の蓄積を神に愛されている証しとして理解する資本主義の生成を促すこととなる。自身の経済活動を合理的に把握し、他者との取引関係にも予測可能性を求めていくことで、資本主義の前提となる合理的な精神が構成されていくのである。カトリックの教義やその他の宗教的理念でなく、禁欲を促すプロテスタンティズムこそが、こうした心性を生み出し、イギリス、アメリカなど、プロテスタンティズムの強い地域に資本主義が生まれ定着したとするのが、彼の資本主義発展の説明である。

　この資本主義の生成、予測可能性と合理的な行動を支えるものとして、近代法は成立してくることになる。ウェーバーは、形式合理性を近代法の特性として考える。たとえば、古代の法は、形式が厳

格ではあるが、一方で呪術的な要素に基づいて判断を下していた。いわゆる盟神探湯（くがたち）では、厳格な形式を踏んで神への誓いをたてたのち、熱湯の中に手を入れ、火傷するかどうかで事実を決定する。形式は厳格ではあるが判断根拠が非合理な呪術的要素であるため、当然、形式合理的とはいえない。そのほか、法預言者によるカリスマ的法啓示、法名望家による自由な法創造、支配権力による一方的な法の指示など、形式合理性を備えない法の段階を経て、形式合理的な法、すなわち、法学教育を受けた法専門家により、形式的、体系的、論理的に構成された法に到達することになる。

　さらに、ウェーバーは、法は、それを順守させるための強制装置を備えたものと考える。ウェーバー自身は、強制装置を国家法の独占的特性とは考えていないが、実質的にもっとも強力な強制装置を備えるのは国家であり、そこに強制力が集約されていくことになる。もちろん、規範はこれだけでなく、ただ慣れ親しんだ繰り返される振舞いを示す「習俗」、周囲の人々からの何らかの圧力が存在する「習律」なども、同時に存在する。

　さらに、ウェーバーが生きた時代には、形式合理的な法の成立と同時に、それと葛藤する動きも社会内に存在していた。法専門家が、形式的に法を事実に適用すれば適正な判断が出るという単純な考え方に反発し、創造的な価値判断の意義を強調する動きもあり、それは必然的に、形式合理的な法の不完全性を指摘するものであった。この形式合理性の論理と、いわば実質合理性（実質的正義）との拮抗という視点は、のちに見るアメリカのリアリズム法学のテーマとも重なってくる。

こうしたウェーバーの巨視的な法と社会の発展の理解、規範の多元的存在や、法の歴史的発展の在り方、さらには、形式合理性と実質的正義との拮抗という視点は、のちの法社会学にとっての研究テーマを広く内包するものであったといえよう。

(2) オイゲン・エールリヒ——法社会学の源流 2

日本の法社会学の展開にも大きな影響を与えた今一人の学者は、オーストリアの法学者、オイゲン・エールリヒである。彼は、『法社会学の基礎づけ』という著作を著しているが、中でも大きな影響力を持ったのは、「生ける法」という概念である。エールリヒは、国家法や法曹が創造する法以前に、人々の社会生活を規定している行為規範を生ける法として措定し、その意義を強調した。国家法は、交通法規のように国家が人々の行為に「干渉」する法と、裁判などの基準として依拠される法である裁判規範からなる。この裁判規範は、法曹の活動を通じて、生ける法から生成してくるのであり、生ける法こそ、その生成の基盤をなす原初形態であり、また国家法、法曹法などをいわば飲み込んで、社会レベルで行為の規則を構成する規範ということになる。一般的な慣習との区分は明確には示されていないが、この法の根源である生ける法の探求こそが、法社会学の重要な研究課題とされたのである。

この生ける法の探求は、わが国の法社会学の発展の過程で、農山漁村の入会権の研究など重要な研究テーマを構成し、その探求は今も継続されるなど、わが国の法社会学に多大な影響を与えてきている。

(3) アメリカにおける法と社会研究の生成

　アメリカにおいて法社会学の生成を促したのはリアリズム法学である。リアリズム法学は、1930年代に盛んになった主張で、それまでの形式主義的な法学の考え方の背後にある諸前提、法の客観性、普遍性、中立性などを批判していった。また社会背景としても、ニューディールの改革主義的法定立に消極的だった法曹界への批判という側面も持っていた。リアリズム法学については、様々な分岐や、難解な議論もあるが、ここでは、簡単にその主張を見ておこう。もっとも過激な論者とされているジェローム・フランクは、事実に法ルールを当てはめて判決が導きだされるという常識的見解を批判し、裁判での当事者の主張から受けた刺激と、裁判官の信条や信念が、融合される中で判決は生み出されるとした。つまり、法適用についても、事実認定についても、きれいごとではないという徹底した批判である。

　このような見解は、法というものが客観的で普遍的なルールではなく、個々の裁判官により状況ごとに生み出される不確定性にみちたものほかならないということを示している。また、それゆえに、裁判は客観的・中立的ではありえず、裁判官を通じて、一定の政治性を伴わざるを得ないということになる。これは、それまでの法や裁判についての形式主義的な見方を根底から覆し、いわば、「王様は裸だ」と叫ぶような主張であった。

　また、カール・ルウェリンは、そこまで過激な主張ではないが、やはり、法ルールの不確定性を踏まえ、裁判の中での法創造、法ルールの機能の限界を前提に、裁判官の裁量的・創造的役割を強調した。それゆえ、法ルールだけをいくら研究しても、よりよい判決

や裁判過程は導けず、その変移の要因を検証するためには、「べき」
と「である」を区分して検証することが必要であるとしている。

　ここから、法ルールだけでなく、裁判官の判決行動や、陪審員の
評決に関する社会科学的な分析が必要という理解が広がり、このこ
とが、法と社会を経験的に検証していくという「法と社会研究」パ
ラダイム、すなわち法の経験的研究としての法社会学の生成につな
がっていったのである。

　この実定法学が中心としてきた規範的な「べき」論をめぐる研究
ではなく、「である」すなわち、社会的事実についての経験的探求
を促す視点は、大きく言えば、ウェーバーの形式合理的法と実質的
合理性（正義）との拮抗、さらにはエールリヒの国家法の基盤にあ
る生ける法への注目と通底するものということができる。

🎧（4）日本における法社会学の生成

　我が国でも、エールリヒの生ける法理論を受けて、実定法学とは
異なる法社会学的研究が既に大正期から始まっている。末広厳太郎
は、エールリヒの生ける法理論に触発され、「法に関する社会法則
を理論的に探究」することを課題として設定した。実際、農山漁村
における生ける法の探求への取り組みが行われた。

　戦後は、アメリカの社会学などの影響のもと、川島武宜を中心に
科学的な方法論の導入が進むことになる。1947 年には日本法社会
学会が設立され、それまで実定法学者が担い手であった状況から、
実定法学から独立した法社会学固有の研究、固有の研究者が生まれ
ていくことになる。実定法学の侍女のような位置から独自の学とし
ての法社会学という認識が強化されていくことになった。

その後、発展するにつれ、固有の法社会学の統一的理論枠組の形成を求める意識と、他方で多様なテーマ、多様な隣接科学の導入という動きが拮抗する中で、次節で見るように、統一的理論枠組が成立しているとはいえない状況にとどまっている。しかし、それは逆に、法社会学の幅広い可能性を示唆しているともいえ、必ずしも問題であるということにはならないであろう。次に、現在の日本の法社会学における理論、方法論について見取り図を構成していくことにしよう。

2 現代法社会学の理論と方法 ● ● ●

法社会学は、規範学としての実定法学とは袂を分かち、経験的に法と社会について研究する分野である。これは、ウェーバー、エールリヒ、リアリズム法学などの源流から受け継いだ法社会学の基本姿勢といってもよい。「経験的」という言葉は、哲学的、神学的な根拠に拠りつつ、思弁的に、あるべき法や社会を考察するのとは異なり、「我々自身が体感できる経験的事実」に基づき考察していくという学問的態度を指す。つまり「である」の探求である。しかし、経験的研究を法社会学の大きな枠組みとして措定するとしても、その考え方は多岐にわたるし、また、経験的であることが前提としても、その方法論を探求する際は、直接には、必ずしもデータに依拠しない理論的議論を展開する場合もあり、議論の位置づけは錯綜してしまう。

そこで、ここでは、現在の法社会学研究のありうる立場を3つに分類し整理していくことにしよう。実際の諸研究は、このいずれかに属するか、時には複数の要素を併せ持つこともあろう。ここで

は、物差しとしてのモデルとして 3 つの立場を検討する。

(1) 経験科学主義

　まず、もっとも厳密な経験科学主義と呼ぶべき立場が、その一つである。科学主義との呼称が示すように、自然科学に範を求めており、社会的事実・データを客観的に観察することを通して、そこに内在する法則性を見出していこうとするものである。厳密な方法的手順を踏まえた観察、例えば社会調査法に基づいた質問紙調査や実験によりデータを獲得し、観察者の主観を排して、客観的な事実を導出するというのがその理念となる。

　しかし、多くの要素（温度、気圧、空気濃度等々）をコントロールし実験室で行われる自然科学研究と異なり、この科学主義の理念を社会現象に適用する場合には、大きな困難が生じてしまう。人間の行動や社会の動態は、自然現象とは異なり、無数の要因の複合的影響の中で動いており、場所が違えば、時間が異なれば、対象自体が変容し異なってしまう。

　たとえば、訴訟件数を比較することを考えてみよう（訴訟でなく食事回数でも婚姻数でもよい）。統計データは存在する。仮の数値だが、アメリカのある地域の民事訴訟が年間 20000 件、日本のある地域では 2000 件とする。アメリカは日本に比べ 10 倍の民事訴訟がある、と単純には読むことができる。しかし、アメリカでは、民事訴訟の 95 ％が法廷での公判に至らず、それ以前に合意に達してしまう。反対に日本では、ほとんどの訴訟は公判にまで到達し、法廷で議論が行われる。とすれば、このデータをもとに、アメリカは日本により 10 倍訴訟が多いと述べることは、形式的数値について

は妥当しても現実を把握できているとはいえないだろう。「件数」という数値に還元した時点で、訴訟に関わる多様な意味が捨象されてしまっているのである。

質問紙調査も、同様である。「紛争に直面した時、どういう行動をとったか」を質問するとしよう。「紛争に直面した時」をどのような状況ととらえるかは、実は回答者によって、異なっている。そこで、「紛争」の意味をより厳密に定義したとしよう。幾分改善すると思われるが、それでも、突き詰めれば、データとしてまったく差異を含まない客観的なものを把握することは困難である。現実の複雑性から抽象された次元での事実しか、そこでは把握できない。また、こうして得られたデータを分析する際にも、研究者自身の固有の主観的前理解が無意識にそこに介入してしまう可能性も、実は高い。

一部の心理学のように、要因のコントロールが比較的可能で、経験科学主義的方法の適用が容易な領域もあるが、法と社会研究の領域では、難しいように思われる。また、心理学の領域でも、科学主義的心理学では対応できない領域で、臨床心理学がこれまでも隆盛を誇ってきている。

すなわち、社会科学の領域では、自然科学と異なり、客観的なデータ、客観的な観察者、普遍的な社会法則などは、厳密な意味では把握が困難と言わざるを得ないのである。せいぜい、数量化可能な現象、次元についての探求が中心となり、数量化になじまない、複雑な社会過程の要因の錯綜や微細な動きなどの検討は難しいと言わざるを得ない。

しかし、そうだとしても、経験科学主義の研究には大きな意味が

ある。厳密性では自然科学に及ばないとしても、一定範囲での客観
的データや数量化可能なデータについて、分析を加えることで、法
と社会をめぐる事象について、客観性の「高い」知見をそこに生み
出すことができるからである。法社会学の一つのアプローチとし
て、その意義は重要である。

(2) 経験的法社会学

　科学主義的な方法論に拘束されなくとも、経験的な法社会学研究
は可能である。実際、現在の多くの法社会学研究は、このカテゴ
リーに包摂される。ある法制度や法執行機関について、その機能目
的や運営規則と現実に制度・機関が果たしている機能、その内部で
の関係者の行動などを観察し、どこに問題があるか、そしてどのよ
うな改善が有効であるかを示していくような研究である。科学的方
法のような厳密性はないとしても、その過程や社会的役割を、一定
の理論枠組みに基づきつつ、経験的に観察し、それについて研究者
としての考察を展開していく。制度や機関の現実的機能を観察する
点で経験的であり、分析には研究者の固有の考えが強く反映すると
しても、それが経験的法社会学として成立することに疑いはない。
科学主義的アプローチでは把握しきれない、動態的過程を緻密に解
析することで、より微細な知見がそこでは得られる可能性がある。
　いうまでもなく、法社会学が対象とするトピックは無限の広がり
を持っている。法が人間、経済、政治のあらゆる領域に関わってい
る以上、その対象範囲も多岐にわたり、経験科学主義が前提とする
ような客観的データや普遍的法則の発見というアプローチが妥当す
る領域は、かなり限定されている。こうした多様なトピックに応じ

て、法機関の機能分析、法制度の作動過程の研究、社会運動と法の関わり等々、科学的ではないとしても経験的な多くの法社会学研究が、海外でも日本でも蓄積されてきたのである。

　経験科学主義の立場も、実際に得たデータの分析の時点で、分析者は、科学的方法では得られない固有の習得済みの知識や理解から解釈を行うのであり、その意味で、実質的には、この経験的法社会学に包摂されるといってもいいかもしれない。

(3) 臨床・解釈法社会学

　近年、既存の経験的法社会学について、認識論的次元で批判を加える立場が現れてきている。臨床法社会学ないし解釈法社会学と呼称されるこの立場は、一方で、自然科学的な客観的認識の不可能性、観察する者の視点の客観性の否定などを主張し、他方で、より一層、現場の人々の認識や振る舞いに密着して考えていくことを主張する。ポストモダン思想や臨床心理学の理論を背景に理論的な議論も展開されているが、その背景には、より現場の当事者に密着した視点があり、ある意味で徹底した経験主義の立場といってもよい。現場の人々との関りこそが、その分析・解釈の価値を支持することになるのである。

　そこでは、データは常に研究者が密接にかかわった人々の動態的な認識であり、たとえば紛争過程についても、紛争処理機関（裁判やADR）ではなく、あくまでもそれを利用する当事者の視点から把握されていく。臨床法社会学では、研究者の理解、解釈は、一つの可能な解釈として提示され、経験科学主義のように客観性や普遍性を求めない。逆に、普遍性や客観性の主張は誤謬であると経験科

学主義を批判していく。ただし、普遍性や、客観性の主張は否定しても、経験科学主義法社会学の示す知見も、経験的法社会学の提供する知見についても、社会についての経験的解釈として意義あるものと承認する。

　いわば、認識論的レベルで、従来のとりわけ科学主義批判の立場に立ちつつ、実際の研究のレベルでは、より、現場に密着し、客観的データでは捉えられない微細な人々の声を聞き届けていく経験的研究を遂行しようとする立場ということができる。また、この視点は、法社会学が独自の学として自立していく過程で希薄化してきた、生ける法の探求とどこかで通底しているといえるのかもしれない。

　さらに、フェミニズムやマイノリティの権利をめぐる研究は、新たなパースペクティブを必要とする領域であり、理論的背景に関して臨床法社会学との接点も見出しうる分野である。経済的不平等や政治的不平等をめぐる研究は、法社会学研究の一つの重要な視点であるが、フェミニズムやマイノリティ研究については、それに留まらない射程が必要とされる。目に見える経済的不平等や、政治的不平等を超えて、その先にある人々の認識それ自体に内在する不平等、差別的まなざしといった次元にまで切り込むことが必要だからである。しかも、そうしたまなざしが、不当なものと気づかれてさえいないこともある。これらを考える際には、人々の認識を深く検証する必要があり、この点で人々の法や社会ついての認識を問題とする臨床法社会学との共通点が存在すると思われる。

3 隣接諸分野と法社会学 ● ● ●

　以下では、法社会学と密接な関係を持ち、法社会学の展開に大き
な影響を与えた隣接分野の研究について見ておこう。これらの研究
は、法社会学自体の領域横断的性格から、アメリカでは当然、わが
国においても法社会学の研究とみなすことも可能である。

(1) 社会学と法社会学

　社会学は、法社会学の基盤をなす隣接分野ということができよ
う。リアリズム法学以後、法と社会研究の領域では、陪審制度や裁
判官について社会学的な研究が蓄積されてきたが、戦後、アメリカ
では、パーソンズを中心とする構造機能主義が主流的位置を占める
こととなった。社会を生物のアナロジーで捉え、循環器系、消化器
系、呼吸器系等が、その機能を果たすことで身体の構造を維持して
いくように、社会の様々な制度は、社会の維持のために必要な機能
を果たしているとして、この社会の構造と機能を分析していこうと
する視角である。

　この大きな統一的理論の試みは、その後、「保守的な現状維持を
是認している」、「個人の行為の意義が軽視されている」などの批判
を浴び、その中から、社会の安定性より、それが変容していく過
程、コンフリクト過程をどうとらえるかという発想が生まれてく
る。

　ルイス・コーザーは、構造機能主義を前提としながらも、集団
は、外部集団との対立によっていっそう凝集性が強まること、集団
内部のコンフリクトも一定程度は、それによって不満が解消され、

閾値を超えた場合は集団から排除されるなどの、コンフリクトがもつ破壊的なだけにはとどまらない、社会維持への貢献的作用を示した。また、ドイツの研究者で政治家でもあるラルフ・ダーレンドルフは、社会を、権力をめぐる不断の闘争の過程ととらえ、その中で新たな秩序が生まれ、さらに変動が続いていくという弁証法的な社会観を示している。こうした紛争理論は、法社会学の紛争研究に大きな影響を及ぼしてきている。

　また、同じくパーソンズ批判から、より緻密な社会過程の分析を試みるシンボリック相互作用論や現象学的社会学が生まれてくるなど、簡単に統合できない多様性を備えるに至っている。ガーフィンケルを始祖として「人々の日常的な物事のやり方」を会話の精緻な分析を通じて明らかにしていこうとするエスノメソドロジーは、わが国の法社会学にも影響を与えている。

　いずれにせよ、社会学はその多様性によって、特徴づけられ、法社会学も必然的にそうした多様なアプローチを受け継いで、多元化している。

(2) 人類学と法社会学

　人類学の研究の中で法人類学と称される分野がある。古くはリアリズム法学の主張者であるカール・ルウェリンが、人類学の重鎮であったアダム・ホーベルとともに『*The Cheyenne way: Conflict and case law in primitive jurisprudence*』を 1941 年に発刊している。アメリカ先住民の生ける法の探求とみなせる研究である。これら先駆的研究は、近代的な合理的裁判制度を欠く部族社会において、どのような秩序維持の仕組みが存在するか、具体的な事案の中から、ま

さに具体的な生ける法を見出していこうとするものであった。

　その後、こうした部族社会の中に法を見出していこうとする研究は、西洋の法概念にとらわれた視点を一方的に適用しようとしているとの批判を受け、紛争過程そのものの展開を検討する研究パラダイムへと変容していった。マンチェスター大学のマックス・グラックマンに指導された人類学者や、アメリカではローラ・ネイダーらを中心に、様々な社会における紛争過程のダイナミズム研究が、主流となっていった。紛争過程の研究は、部族社会でも、アメリカの都市住民でも、日本でも、制度環境的要素の差異を超えて、同様の分析が可能なアプローチだったといえよう。生ける法の直接的探求から、生ける法を構築していく人々の行動の過程が、対象とされるようになったのである。

　ところが、その後、人類学は大きな認識論的パラダイムの転換に直面する。それまで観察する先進国の研究者と、観察される人々という構図が存在したのに対し、グローバルな経済の発展の中で、観察される側の人々が研究者として育ち、観察する側にも参画するようになったのである。その過程で、部族社会の人々の行為や認識を、人類学者が、観察者としてみて記述する過程の中に、観察者という特権的位置を占める研究者の西洋的観念が投影してしまっているのではないかという批判がなされたのである。客観的な観察者という立場自体が批判的に検証されることになり、人々の語りそのものを記述する方法など様々な実験的な試みがなされるようになった。これらは臨床法社会学の動きにも連なる研究の転換である。

　法人類学研究も、こうした認識論的転換の中で、人々の法と社会に関する認識のあり方自体を対象とし、検討していく研究がなされ

ていくようになった。

(3) 心理学と法社会学

　心理学は、科学主義的アプローチが比較的適用可能な分野であるが、他方で患者の治療という価値目的を念頭においた臨床心理学の分野も存在する。法社会学との関係でも、両分野との交流がみられる。

　科学主義的アプローチについては、トム・タイラーらが裁判の過程で、人はどのような手続に公正さを感じるかについて実験データも踏まえて研究している。これについては日本での実験の再現も可能であり、科学主義的アプローチの有効性を示す一例である。紛争解決手続において、人はその結果の勝敗だけでなく、手続の中でどのように扱われたかによって、公正さの感覚を構成しているという知見は、紛争処理機関の運営について大きな示唆を与えることになった。また、裁判における証言の信頼性等の実践的研究もなされている。このほか、心理学の諸理論は、モートン・ドイチュらによって、紛争解決過程の心理学的条件についての知見へと応用されてきている。

　また、臨床心理学の諸領域、ナラティブ・セラピーの理論やカウンセリングの技法論は、人々の認識がいかに構成されているか、対話等を通して認識がいかに変容するか、それを第三者はどのように促進することができるかなど、紛争過程の理解と促進にも影響を与えている。その理論基盤は、ミクロな過程分析にとどまらず、臨床法社会学の理論的基盤の一つの重要な構成要素としても貢献している。

　以上のように、法社会学は常に隣接社会科学の動向と交流し、交錯しながら、生き生きと多様なアプローチを生み出し、ダイナミックな展開を見せている。一つの理論的、方法論的視点に集約されるのではなく、個々の問題に応じて、適切なアプローチを構成し、検討していける自由さにこそ、法社会学の活力があるといっていいだろう。ただ、そこには、法という現象との直接的、間接的関りと、広い意味で経験的アプローチであることという、緩やかな学問的枠組が機能していることも忘れてはいけない。

〈参考文献〉

阿部昌樹「経験的法社会学の研究実践」法と社会研究5号（2020年）3-28頁

六本佳平『法社会学』（有斐閣、1986年）

和田仁孝『法の権力とナラティヴ』（北大路書房、2020年）3頁

マックス・ウェーバー『プロテスタンティズムの倫理と資本主義の精神』（岩波書店、1989年）

第2章
社会秩序と紛争

1　はじめに

　法は社会規範の一つであり、秩序状態と親和性をもつ。他方で、紛争は、秩序の対概念としてとらえられ、混乱状態といえそうである。一般的には、そのようにイメージされるのではないだろうか。しかし、そうした理解ではあまりに単純すぎるし、げんに社会のなかの法現象を分析する法社会学は、より精密に秩序と紛争について考えてきた。それでは、具体的な個人の集合からなる社会において、秩序と紛争とは、どのようにとらえられるのであろうか。また、両者の関係はどのように理解したらよいのだろうか。

　経験的研究により法現象の実態をあきらかにしようとする法社会学では、秩序と紛争のとらえかたについて、意識的または無意識的に想定されている3つの考え方がある。それは、構造機能分析、過程分析、解釈法社会学である。本章では、これらの考え方の概要をみてみよう。とくに質的データに基づく臨床的な研究に重点をおく本書にとっては、過程分析と解釈法社会学とが密接な関係にある。各章では、これらの手法で事例検討をおこなっているものもみ

られる。そこで、ここでは、過程分析と解釈法社会学については、
それらの特徴を意識した簡単な事例分析もみてみよう。

2 安定した秩序と紛争──構造機能分析 ● ● ●

　これまで主流の法社会学では、パーソンズやマートンらの影響を
受けて社会の秩序を構造としてとらえてきた。社会は行為要素の集
合であるが、それらの行為要素のうち、いくつかのものについて相
互的な関係パターンが相対的に安定しているとき、この行為要素を
社会構造という。社会構造は、行為者の社会関係のパターン化した
システムである。もちろん私たちの行為は機械的に定型化されてい
るわけではないのだが、それでも行為要素の変域には一定の制約が
あり、それが社会システムに一定の安定性を与えている。私たちは
日常生活において、取引関係、労使関係、親子関係などさまざまな
集団や組織で相互行為をおこなっているが、その活動は制約によっ
て限定を受けているのである。

　こうした人々の相互行為において、他人がそれに同調することを
要求していると感じられ、そのことによって自分の行動様式に一定
の制約を課している規則が社会規範である。ある社会規範が有効で
あるかどうかは、次の３つの指標によってはかられる。第一に、
人々がその規範を受容し、それに従っているかどうかである。第二
に、人々がその規範への同調をパーソナリティ内部に内面化してい
るかどうかである。第三に、人々がその違反に与えられるサンク
ション行使に正当性の承認をあたえているかどうかである。これら
の程度が高いほどその社会規範は制度化されているということがで
きる。そして、相互行為のくりかえしは制度化された社会規範に規

制されていることによって実現されるのである。

　社会規範には、他者からの期待や、慣習、道徳、倫理、法などさまざまなものがある。そして、私たちの活動は無数の社会規範によって規制されているが、役割がその制度化された規範群を制度へとまとめあげていく。たとえば、それは労使間の使用者に期待される役割や夫婦間の妻に期待される役割などである。そのうちには、役割期待を形成する少数の基礎的な要因が存在するとされる。一般的に、これには性別、年齢、学歴、収入、地縁、血縁などがあげられる。これらの基礎的要因が人々の行動を説明する変数となるのである。

　こうして明らかになる構造は安定した秩序であるが、それはある一時点での対象社会を記述したものである。そのさきに、記述された構造が、なぜそのようになっているのかという理由の説明が求められる。すなわち、安定的な構造を支える社会規範の機能はどのようなものなのか、また目標達成における有効性の減退はなぜ生じるのかということが体系的に説明されなければならないのである。この説明の論理では、まず社会システムにとっての目標が仮説として設定される。そして社会システムの構成要素が当該システムの目標に貢献することを要求されていると考え、それらの要素の活動をシステムの目標の実現という観点から評価するのである。特定の制度的構造のもとでシステム目標が効率的に実現されている状況においては、システムは均衡状態にあるとされる。このようにして、安定した社会秩序が説明されることになる。

　このような観点からは、人々が内面化した社会規範によって規制されることにより、秩序は安定した構造として記述される。そこで

は、紛争は秩序を攪乱する不規則な現象とされる。これを放置する
と深刻化し、社会活動は停滞するであろう。したがって、社会は紛
争への適切な対処を必要としており、これを解決して秩序を回復し
なければならない。法制度は、このような秩序の維持回復の機能を
担うことになるのである。

　もっともこうした議論が必ずしも現状維持的な知見をもたらすわ
けではない。先述のような性別、年齢、学歴、収入、地縁、血縁と
いった役割期待の基礎的要因に着目し経験的に実態を明らかにする
ことで、社会的な不均衡・不平等を顕在化させることが可能であ
る。そうした知見に基づいて構造を変えるような政策提言をおこな
うこともありえよう。しかし、構造機能分析においては、秩序の安
定状態を記述説明することにより関心がおかれており、紛争は統制
を必要とする不規則現象とみられる傾向にあるのである。

3　紛争と秩序の変動——過程分析　● ● ●

(1) 過 程 分 析

　法社会学において有力である構造機能分析的な立場からの秩序と
紛争のとらえ方をみてきた。この見解は、固有の秩序と紛争に対す
る理解のもとで法制度の役割を考えるにあたって一定の説得力を
もっていた。けれども、それは、社会における秩序や紛争の重要な
ある側面をとらえそこねているのではないだろうか。第一に、社会
の現実は規則性によってはとらえきれない多様性や流動性をもって
いる。社会の構造を記述する見解は過度に秩序の安定性を重視し、
このような特徴を適切に位置づけることができていないのである。
第二に、この見解は安定的な関係パターンに焦点をあてることで、

マクロな社会構造を明らかにしているが、紛争をおこし秩序形成に
かかわる個人の具体的な動きがみえてこないのである。こうした欠
陥を克服するためにファラーズやムーアら法人類学の影響を受けて
提唱されたのが過程分析である。

　過程分析は、人々の行為の多様性を捕捉するためには、その具体
的な行為を、その行為がなされた具体的な状況とともに理解し、分
析しなければならないと考える。そして、具体的な属性をもつ個人
を起点に、非規範的な状況要因を重視した秩序のとらえ方を構想す
る。

　まず、従来のように規範が人々の行為を決定していると過大に評
価することをやめて、非規範的な状況要因が行為を規定してくるこ
とを重視する。そして、規範さえも、必要に応じて状況的に理解し
ようとする。すなわち、個々の規範内容がそもそもあいまいさや多
義性をふくんでいるということに加えて、ある状況において浮上す
る複数の規範相互の矛盾・葛藤が規範秩序と現実の行為との対応関
係を不透明にするのである。そこでは、規範要素も社会的コンテク
ストの一部として行為選択の一般的指針となり、状況要因との組み
合わせによって多様な行為がそこから生じてくる。そこには構造化
と状況化との緊張関係がみられるのである。

　こうして規範構造が現実の社会過程を決定しつくすことができな
いため、その規範秩序の隙間には、人々の実質的な考慮に支えられ
た行為選択の過程が不可避的に介在することになる。そのさいの個
人は、断片化された役割遂行者ではなく、具体的な全人格的な主体
としてとらえられる。したがってひとりの個人が現実社会で担う複
数の役割は、特定の状況において競合対立しうるのであり、当該個

人はシンボルを媒介として行為状況を整序し、主体的な意思決定を
おこなっていくことになる。そこでは、具体的な個人の主体的な行
為選択により社会関係の形成再編がおこなわれており、そのことが
社会の構造化の契機ともなっているのである。

　過程分析によれば、社会の秩序化の道具である社会規範は不確定
性を内包しており、状況要因のなかで規範理解にずれを生じさせて
同時に紛争を引き起こす契機にもなりうる。秩序と紛争は相対的な
現象として位置づけられるのである。そして、そこで分析の関心が
おかれるのは、紛争をおこし解決を求めてその処理行動を担う紛争
当事者であり、規範は紛争当事者によって対象化され戦略的に動員
されるのである。

(2) 電気工事失火責任訴訟の分析——紛争当事者による主体的な 法の読み込み

　規範の多義的で流動的な側面を強調し、そこに規範をもちいる行
為者の主体的な解釈や選択の契機をみいだすことで、過程分析は秩
序化と紛争化の相対的で動態的な社会プロセスをあきらかにしよう
とする。こうした過程分析は、特定の事例での行為者の活動にそっ
ておこなわれることでその特徴が具体的に明らかになる。そこで、
ある電気工事の失火責任損害賠償訴訟事件を素材にこの過程分析的
な手法をみてみよう。

　ＸはＡから発注を受けて家屋の建築を 8000 万円で請け負った。
小規模の工務店であるＸは、水道、電気、左官などは別業者に下
請けで発注をおこない家屋は予定どおりに完成した。しかし、当該
家屋はＡへの引き渡し数日前に火災で焼失した。Ｘは、電気工事

を下請けした大手の Y のケーブル配線工事が不適切であったため
の失火であるとして、Y と 1 年ほど話し合いをもったがまとまら
ず、X は Y に対して不法行為に基づく 7500 万円の損害賠償請求訴
訟を提起した。

　訴訟は、杜撰な工事により配線のスリーブが破損したことが火災
の原因だったのかを中心としてすすめられ、第一審判決まで約 10
年かかった。なお、訴訟が進行しているあいだ、X は Y に対して
空調や照明などの工事を何度か発注して取引関係は続いていた。第
一審判決は、X の請求を概ね認容するものであった。Y が大手電機
工事会社であることもあって、杜撰な工事による失火という判決内
容は新聞にも報道された。その後、コスト面から躊躇があったが、
Y は判決を不服として控訴する。しかし、第一審の判決は Y の業
務体制に大きな影響をおよぼした。それは「杜撰な工事」と認定さ
れた工事のやり方をより慎重なものへと変更するというのではな
く、小規模な業者からの下請けから手を引くという方針がとりあげ
られることになったのである。

　民事訴訟の判決は個別事件の解決のためになされるが、そこで示
されるのは一般性をもった規範である。この事案で Y が判決に示
された規範を言葉とおりに受け取るならば、作業員を増やすなどし
て工事のやり方を「改善」することになるはずである。しかし、Y
としては、このような小規模な業者から仕事を受けても利益はほと
んどなく、むしろトラブルが発生すると資力がある大手の自分たち
に責任を帰そうとすることがこれまでもみられた。取引関係上、従
前は仕方なくこのような仕事も受けてきたが、今回の判決はそれか
ら手を引くよいきっかけとなると考えたのである。ここでは、判決

に示された規範は、言葉どおりに Y に内面化されて取引関係を秩
序づけるように作用したのではなく、Y がそこに別の意味を主体的
に読み込み、それに依拠して小規模な仕事を依頼する小規模な業者
との取引はしないという、潜在的には相手方との対立を背景とした
新しい関係が形成されていったのである。

4　紛争／秩序の動態──解釈法社会学　● ● ●

(1)　解釈法社会学的分析

　過程分析は、規範を個人が操作しうる道具としてとらえるととも
に、秩序と紛争とは相対的で変容していくものとした。それは社会
を、経験的な方法で、動態的に理解する観点をもたらした。しか
し、こうした過程分析の特徴もより慎重にみてみると、いくつか欠
陥が残っており、秩序と紛争にかかわる重要な側面を十分に反映さ
せることができていないのではないかということが疑われる。ま
ず、そこで想定される個人は、過度に目的志向の合理的な主体であ
り、人々の実像を十分にとらえることができてはないのではないだ
ろうか。さらには、無意識的であるにせよ、いまだ紛争を除去すべ
き現象ととらえ、適切な紛争処理機関による「解決」をもって秩序
の回復をはかるという一見常識的なとらえ方が前提とされているよ
うであるが、問題はないのだろうか。近代に特有の客観性に基づく
実証主義科学や理性的合理的な主体論などに対するポストモダンの
認識論的な批判の影響を受けて、こうした問題に新たな視角をもた
らしたのが解釈法社会学である。

　すでに秩序と紛争とは相対的であると指摘されているが、このこ
とは紛争当事者の行動において常に具体的にみることができる。紛

争過程では、紛争当事者は相手方に攻撃的な主張をおこなうのだけれども、そこでは問題の認識や主張の仕方にかかわる構造化の拘束が働いており、それが攻撃行動を通して人々に再認されている。他方で、ふだんどおりの社会生活をおくっている平常的状況でも、当事者の実践のうちにはほとんどそれと意識されないような構造化の拘束が働いているが、じつは潜在的にそれに反発する抵抗の力が再構成へ向けて不断に動いているのである。そうした意味で、私たちの実践においては、紛争要素と秩序要素とが融合的に結合している。

　ここで行為者に拘束を及ぼしてくる構造とは、直接に行為を規定するものではなく、言説としての性格をもつものである。私たちは、「契約」「所有権」「訴訟」といった言葉を使って思考し実践している。諸規範をふくむ構造化された言説は、私たちの解釈的実践を支配しているのである。そしてまた、人々は、言説的構造の支配を受けているからこそ、これを通してふだんの実践を組み立てることができている。なお、法制度は物理的暴力装置による強制的な統制を装備しているが、それも言説的構造による支配を前提としており、言説的支配が綻びをみせたときに物理的暴力が露呈するのである。このように私たちは言説的構造から逃れられないのだが、他方でこの言説的構造は一義的に確定しているわけではなく、個々の実践者の固有の状況に応じて場面ごとの無数のずれを許容し、紛争化への契機を内包しているのである。

　ここにたちあらわれる主体は、それぞれに固有の個人史をもち、さまざまな他者との固有の、不断に再構成されつつある関係性のなかに位置づけられている。私たちは、職場の人々、親族、地域のつ

きあい、友人たちといった様々な関係のなかでみずからの立ち位置を探っている。主体は、関係性の中で主体化されているのである。そしてこの主体は、固有の関係性とそのローカルな位置に応じて、一方で言説的構造の支配を受け入れながら、他方ではそれへの意識的・非意識的なずれや抵抗を創出する戦略的なセンスを獲得していく。このずれや抵抗を創出する戦略的センスは、けっして目的意識的なものではなく、関係の総体をふまえた多志向的な配慮による瞬時の認識の構成をうながすものなのである。

　こうして、解釈法社会学によれば、秩序と紛争とは言説に依拠した主体の解釈的実践において融合的に再構成されつづけていく。この主体の解釈的実践は、目的志向的な合理的行為というよりは戦略的センスによって瞬時に固有の関係性のなかで調整される。それは紛争的状況だけでなく平常的状況においても同じであり、紛争的状況においては、主体の解釈的実践で創出されるずれの差異が明確に意識化されているという特徴が指摘されるにすぎないのである。

(2) 医療過誤訴訟の分析──声の再生による出来事の迫真性

　解釈法社会学的分析は、行為者の活動プロセスを起点に秩序要素と紛争要素のありようを明らかにしようとするが、そこではとくに言説に焦点があてられる。行為者は、どのような言説的構造の支配を受けており、そこに抵抗を創出するような関係的実践がみられるのかという関心から、経験的な分析をおこなう。ここでは、ある医療過誤訴訟の分析を例に解釈法社会学的な手法をみてみよう。

　交通事故で病院に入院していた M は、入院時に腹痛を訴え、膿盆 2 杯の吐血をしたが、X 線と CT 検査では異常なしと診断され、

打撲との見立てをなされていた。その後、十二指腸腹膜破裂が疑われMは緊急手術を受けたがすでに治療困難に陥っており、その4日後に両親がMを別の病院に転院させたが、Mは播種性血管内凝固症を併発して亡くなる。両親は、Mの死の原因につき真相を明らかにするため、弁護士に依頼し、損害賠償請求の訴えを提起する。

　この医療過誤訴訟は、医療従事者の「過失」とそれと死亡との「因果関係」の存否をめぐってすすめられる。そこで、被告病院側は、見落としがあったと原告側が主張する病名を「腹腔内破裂」ではなく「後腹膜腔内破裂」であると訂正するなどして、さらに原告と被告とのあいだに医療の「素人／専門家」軸を設定していく。そうして、法的論証においても、医療専門性においても原告は困難に逢着し、手詰まりになる。そこから原告側のMの母は、入院中につけ続けていた日記をもとに事実関係を詳細に見直していくことにむかう。そして、Mの母は、入院中にずっとそばに付き添いMの容態を最もよく知る立場から突破口を見出していく。

　原告側にとって有力証拠であるX線写真の提出後、両親は裁判官だけでなく弁護士からも和解を勧められる。両親は弁護士を解任し本人訴訟で医師の証人尋問に臨む。そこでは、Mの吐血をめぐる次のような会話が再生される。母親が「そして明くる日、朝ですけれども7時50分、吐血をしました。膿盆に二杯ほどの黒褐色の吐血をしたんですけれども。」と尋ねるのに対して、医師は「看護日誌によりますと、膿盆に二分の一ということなんですが。」と述べる。それに母親は「二回取ったんです、私が。」と応じるのである。

　民事訴訟の場では、法的なコミュニケーションがおこなわれる。その特徴は、一般にはルールに基づく脱文脈的な法的推論に依拠しているとされる。Mの両親は、当初はその様式にしたがって応接していた。しかし、法的推論が要求する「因果関係」による説明では、彼らが経験した出来事は陳腐なものへと矮小化されてしまう。そこに、母親は、自分が立ち会ってきた出来事に立ち戻り、法廷において過去の「Mが吐血したとき」の声を再生してみせた。この母親の声は、法廷に立ち会う人々に迫真性をもって受けとめられよう。ここでは、訴訟当事者である母親が、法の言説の支配を受けつつ、息子Mや医師、看護師らとの固有の関係性からそこに綻びを見出し、「当時の声の再生による迫真性」という抵抗を創出していっているのである。

5　臨床法社会学の「秩序と紛争」研究　●　●　•

　法社会学の3つのタイプの分析手法が想定している秩序と紛争のとらえ方をみてきた。そのうち、構造機能分析と過程分析・解釈法社会学的分析とのあいだには大きな転換がある。概括的にいうならば、それは秩序と紛争についてのマクロな量的分析からミクロな質的分析への移行である。さらに、前者が秩序と紛争とを明確に峻別するのに対して、後者はこの二つの現象を相対的ないし融合的にとらえようとする。それでは、現場の人々に密着していく過程分析・解釈法社会学の臨床法社会学的な方法によると、どのような「秩序と紛争」研究の可能性が考えられるのだろうか。

　ミクロな質的分析手法とはいっても、過程分析と解釈法社会学的分析のあいだにも見逃すことのできない相違がある。すなわち、過

程分析が第三者的な観点から紛争とその処理の把握を志向するのに対して、解釈法社会学的分析は当事者の解釈をともなう言説的実践に現れる支配と抵抗の動きをみいだそうとする傾向にある。このような特徴から、それぞれの手法がより力を発揮する領域が考えられよう。

　過程分析の手法は、当事者の主体的行動をふまえた紛争過程をあきらかしようとする。したがって、これとの関係で当事者が利用する制度もあわせてとりあげられることになるだろう。ある価値的観点から、訴訟や仲裁や調停などの中立的第三者機関、弁護士や司法書士などの党派的な法専門家の稼働プロセスの実態が分析され、その実効化が検討されよう。さらに、当事者の紛争処理活動において、これらの多様な機関がそれぞれどのような特徴をもったものとして、相互にどのような関係にあるのかを、実態をふまえて構想することも考えられる。こうした議論は、いわば紛争当事者の行動を基軸とした司法政策的な法社会学研究ということができよう。

　解釈法社会学的分析の手法は、当事者の言説的実践に焦点をあててそこに作用する支配と抵抗とをあきらかにしようとする。そこでは、法廷や法律事務所や交渉の場などの具体的な場面において、どのような言説的構造、とりわけ法イデオロギーが支配をおよぼしているのかを批判的にみていくことになる。紛争状態ではさらに、どのようにして当事者がこの言説的構造の支配にずれを読み込み、抵抗を示すのかが検討される。個々の場面での当事者による支配の揺さぶりは、より大きな構造変容を予測させるものになるかもしれない。また、平常的状況においても、法意識や階級やジェンダーなどの諸要素と結びついて、私たちが気づかぬほど自然に言説的支配が

浸透していると思われるが、この支配を批判的に暴露していくことが課題となる。こうした議論は、当事者の実践を基軸とした批判的な法社会学研究ということができよう。

〈参考文献〉

川島武宜編『法社会学講座4 法社会学の基礎2』（岩波書店、1972 年）

棚瀬孝雄『紛争と裁判の法社会学』（法律文化社、1992 年）

西田英一『声の法社会学』（北大路書房、2019 年）

和田仁孝『法社会学の解体と再生』（弘文堂、1996 年）

　　同　　『紛争過程と ADR』（北大路書房、2020 年）

● 第 3 章 ●
法主体と日常的振舞い

1　問題の所在——法秩序と主体　● ● ● ●

　法が社会の中でどのように働くかは、その社会を構成しそこに生きる人びとのあり方に大きく規定される。同じような法制度をもつ社会でも、人びとが問題や紛争をどのように経験しているか、日常の話し合いや交渉場面でどんな風にやりとりするか、裁判をどのようなものとして利用するか、といった人びとの認識や行動の仕方によって法の働き方もおのずと異なってくる。

　本章では、こうした "人びと＝人間" を法主体としてどう位置づけるかという課題について検討する。いうまでもなく、現実の人びとの有り様はじつにさまざまであり、簡単に要約したりできない。しかし、一人ひとり、1回1回の行動は千差万別だとしても、そこに繰り返し現れるパターンやそれを生み出す本質的な特徴を見つけ出すことは可能であろう。その意味で、これから検討するのは、法秩序のなかの人間を理解するときの基本的な認識枠組みとその姿（モデル）ということになる。

　以下では、まず近代法における伝統的な法主体モデルを取り上

げ、その特徴と問題点を検討する。その上で、心理学や文化人類学・哲学の分野から始まった生態学的アプローチを手がかりに、二つの新しい法主体モデルを描いてみたい。もちろん、モデル自体は一つの仮説にすぎないが、それと同時に、一見法や裁判と関係のないようなわれわれの日常の振舞いのなかに、じつは主体のあり方や法秩序を動かしていく重要な要素が散りばめられていることを示してみたい。

　どんな法主体モデルが適切かは読者それぞれに委ねられた課題であり、本章はそのきっかけの一つである。その趣旨で、法主体モデルの考察が、本書の全体テーマ──"臨床"的関わり──にどんな意義をもつのかを章末第5節に例示している。

2　近代法型主体像　●　●　●

(1)　川島武宜の近代法型人間モデル

　まず出発点として、川島武宜が描いた西洋近代の法における人間モデルを取り上げる（川島 1982）。川島が描く法主体像は、日本の法体制の基礎である西洋近代の法制度をいかにして社会に根づかせるか、そして戦後日本の民主化・近代化をいかに進めるかという強い実践関心から生み出されたものである。

　近代法典や司法制度といった「客体的諸条件」を現実に動かしていく条件として川島が着目したのが、「意識的精神的要素」、すなわち「順法精神」である。これは、たんに法を守るということではなく、「或ることが法規範によって命ぜられているという・ただそのことのゆえに、その法規範を順守する」という意識であり、これこそが「近代法が現実に行われることの最大の保障」（川島 1982：113

頁）だとされる。つまり、ここに意識されているのは、目的合理的
な観点からの法の順守ではなく、法によって社会を規律していくこ
と自体に価値を見いだす価値合理的な動機づけ次元での順法意識で
ある。

　この順法精神は次の二つの支柱に支えられている。第一は「主体
性の意識」、すなわち自己を「自分自身の固有の支配をもち」「何人
にも隷属せぬ独立の存在者」として意識すること、そして他者をも
同じ主体として尊重する精神である。

　第二は「内面的自発性」である。これは、「行動の選択は、行為
の結果生ずるところの外部的事情に規定されることなく、価値とい
う行為者の内部的条件にのみ規定される」もので、「高度に内面的
であり且つ高度に自発的」なものと意味づけされる。川島は、外部
（共同体や国家）から区分された「内部」において人間を捉えた上
で、この内部に「合理的な悟性と自由な意思の規範」を注入する。

(2) 近代法型主体モデルの問題点

　外部の力や強制で動く他律性ではなく、悟性と意思によって自律
的に秩序づけられる法主体像は、「個として自律した」主体と言い
換えることができる（西田 2019）。こうした主体像が、近代的法体
制の実効的機能化に必要な人間モデルであることは理解できるが、
現代を生きる人間の姿を捉えようとするとき、この尺度は立派すぎ
て使いにくい。

　何よりも、川島が描く近代法型主体イメージは、思いのままに自
己と世界を操る全能者のようだ。たとえば精神分析学における無意
識、社会関係を規定する構造等、深層的なものによって自己や社会

の成り立ちを説明する立場から見ると、自由な選択に見える行為は不可視のシステムのもとでの反応にすぎず、能動的・自発的・自律的主体という観念が成立する余地はない。

その意味で、「個として自律した」主体像は、われわれの行為選択が個人を超えたさまざまな力の相関のなかで起こっているという現実を軽視する。しかし他方で、われわれの行為が深層の構造に支配し尽くされていると考えるのもまた行き過ぎのように思われる。

さらに重要なことは、一見正反対に見える二つの立場は、最初に不動の独立変数を決めて他をその従属変数の地位に置くという点では共通してもいる。関係がたえず流動化し変動が常態となった現代の社会・人間を捉えようとするとき、こうした認識論に依拠することは難しい。

3 「交通する主体」：新たな法主体①
——振舞いに微分化された主体

(1) 動き回りながら環境と交渉する行為体

ここで参考になるのが、知覚心理学者ギブソンや文化人類学者ベイトソンが提唱する生態学的アプローチの視点である。

たとえばベイトソンは、「一個の人間を取り出して、その人間の"依存性"だとか"攻撃性"だとか"自尊心"だとかを云々してみても、何の意味もない。これらの語はみな人間同士の間で起こることに根ざしているのであって、何か個人がうちにもっているものに根ざしているのではない。」（ベイトソン 2006：181 頁）と関係の重要性を強調し、主体や対象が「関係」を離れて単独に存在するという考え方を真っ向から否定する。不動の主体や構造から出発して社

会を描くのではなく、「はじめに関係がある」と考える。

　主体ではなく関係を重視せよ、かつ関係を両側から見よと説くベイトソンは、一つの行為が相互作用的に達成されるさまを、〈木を切る〉という活動を例に描いてみせる。「きこりが、斧で木を切る場面を考えよう。斧のそれぞれの一打ちは、前回斧が木につけた切り目によって制御されている。このプロセスの自己修正性（精神性）は、木─目─脳─筋─斧─打─木のシステム全体によってもたらされるのである。このトータルなシステムこそが、内在的な精神の特性をもつのである。」「ところが西洋の人間は一般に、木が倒されるシークェンスを、このようなものとは見ず、『自分が木を切った』と考える。そればかりか、“自己”という独立した行為者があって、それが独立した“対象”に、独立した“目的”を持った行為をなすのだと信じさえする。」（ベイトソン 2000：431 頁）

　川島モデルにおける法主体は、まさに自分で木を切る人であり、内面的自発性から契約を結び、契約違反による損害に対し権利侵害の主張をする人である。しかし、行為の生成や達成を、生態学的アプローチのように関係論的に見ていくとき、自己の行為を完全支配する主体といった存在をもはや認めることはできない。

　つまり、生態学的認識論から主体像を描こうとするとき、(i) まず関係以前に自己完結した主体という観念を捨てるところから始めなければならない。

　その上で、これまで頭の中の出来事として個体に閉じ込められてきた知覚や思考・判断という精神過程を、からだの外に引っ張り出し、(ii) 個体と環境の具体的・状況的な関係づけ場面へと拡張しなければならない。例で考えてみる。駅から大学まで歩いてたどり着

くという単純な行為を、時間の顕微鏡で見てみよう。そのつどの移動に伴って、前方の建物や交差点の「見え」は徐々に大きくなり、やがて左右に分かれて視界から消えていく。こうした環境の中の変化情報をそのつどモニターし、行為を微細に修正しながら移動という一つの行為を達成する。いつもの通学路で、角のビルがいきなり更地になっていて一瞬迷子になるのは、ふだん無意識にこのビルの情報に誘導されて移動していたことの証である。

　ここで注意しなければならないことは、われわれの行為を制御るこれらの情報は、(iii) 主体が自ら動くことによってしか得られないという点である。われわれは、動くことで、自分がどれくらいの速さでどこに進んでいるのかを知覚し、次の行動が導かれる。

　同じことは会話や交渉にも言える。自分がだれに何を求めようとしているのかは、周囲の反応を見ながら確認され、次の発話が導かれていく。権利主張はともかく、日常的な話し合いや交渉の場では、環境に映る自分の動き（声や身振りを含めた）の「影」を感じ取りながら相互の行為は誘発されていく。

　「動き回りながら環境と交渉する」行為体のことを、ここでは「交通する主体」と呼んでおこう（西田 2019）。この主体は、器としての 1 個の身体に閉じ込められた「実体」ではなく、生き物としての個体が環境と接触する「動き」の連鎖として在る。それは、証明写真のような不自然な 1 枚ものではなく、動きの要所要所を捉えた連続写真のなかで初めて捉えることのできる運動体である。この運動は、法廷や和解・調停室だけでなく、歯医者や学校、解雇を伝える人事部長の部屋、事故に関する説明会の会場等々、紛争とも解決とも何も決まっていない日常の生活空間のあちこちで見られ

る。つまり、「交通する主体」は、この日常的な「振舞い」のそこ
ここに「微分化」された主体像でもある（和田 2020）。

(2) 交通する法主体のリアル

　ここで示した「交通する主体」は、想像されたモデルであるが、
その生きた姿は現実社会にいくつも見つけることができる（西田
2019）。以下は、取材・インタビュー等で出会った生きた主体たち
の動きの例である。

(i) 外資系企業の解雇手当の女性

　一つ目は、外資系の会社から即時解雇を言い渡された 30 代女性
M 氏のケースである。会社側から説明された解雇理由は、彼女が
担当していた業務が消滅すること、直属の上司が母国に戻ることの
2 点であった。しかし、本当の解雇理由は、かつて会社の代表に業
務の改善提案を行ったとき、「他の社員の前で自分に楯突くなとい
う警告書をもらったこと」にあると M 氏は見ている。

　問題は、離職の仕方である。解雇言い渡しのとき会社から、「会
社都合解雇により 1 ヶ月分の解雇予告手当をもらうか、自己都合
退社の形式にしてプライドを傷つけずにレファレンス（次の就職先
への紹介状）をもらうか」の選択を迫られた。

　その週末から、「次の就職活動を考慮したとき会社都合解雇と自
己都合退社のどちらをとるべきか」を相談すべく区役所、労働相談
センター、労政事務所等を回った。しかし、「会社の理不尽さに憤
り実際にどう行動すべきかを悩んでいる私には頼りになりませんで
した。」とのこと。

　その後、重要事実が判明する。彼女が担当していた業務は、部署

名を変えて存続していた。そんな折、似たようなケースで6ヶ月の "解雇手当" を勝ち取った例を知人から聞く。知人から、女性センターと管理職ユニオンに行くことを勧められる。しかし、女性センターでは、会社側に損害賠償的手当を求めたいがどうすべきかという質問の答はもらえなかった。管理職ユニオンでは、団体として一緒に会社と交渉すると提案されたが、事を荒げずに会社からレファレンスを引き出したいと考えて断った。

その後、たまたま手にした「女性便利帳」で見た弁護士に電話し、無料相談を受け、調停を勧められる。現在この弁護士から紹介された労政事務所職員と一緒に、会社との間で調停を進めている。

この事例で注目されるのは、解雇から5週間、さまざまな人や情報と接触する中でその時々の自分のニーズを確かめながら、一つひとつ次のアクションに進んでいる点である。

最初、「会社都合解雇か自己都合退社か」という「二者択一」を会社から強いられ、さまざまな機関を回るなかで、自分にとっての主題が「会社の理不尽さに憤り実際にどう行動すべきか」にあることが強く自覚されていく。そして、解雇理由が偽りだったこと、"解雇手当" 獲得事例を知ることで、レファレンスと損害賠償的手当の「両方」を求める決意を固め、調停に臨んでいる。環境と関わり動かされながら、自分のニーズ（らしきもの）に少しずつ近づいていく。

(ii) 社内ネット掲示板での草の根反乱

もう一つの事例は、社内に分煙の仕組みを導入しようとするT氏（社員の健康管理担当）の活動である。当初彼女は、分煙を求める声が大きいことを示す社内アンケートのデータをもって人事部長

に交渉に行く。しかし、一律に決めることではなく各事業所に任せておけばよいとしてまったく相手にされなかった。人事部の消極的姿勢に失望した彼女は、トップダウンが無理ならボトムアップで行くしかないと考え、自分が管理者となって運営している社内ネットワーク上のフォーラムに、ある問題提起をする。「周囲の人が喫煙している中で、妊婦さんがマスクをして仕事をしている職場があります。みなさんは、どう思いますか。」。この短い問いかけに、1 日 500 件という全く予想外のアクセスがあり、全国各地の事業所からの投稿と激論に発展していく。フォーラム管理者として交通整理がつかないほど多次元的な論争が数ヶ月続いた頃、突然ある役員から「もう、うちの事業部は禁煙にします」との宣言がネット上に出る。この発言を機に、話題は分煙設備の種類やその予算をどこがもつのかの話に進展し、総務部長がフォーラムに引きずり出され、費用の総務部持ちを迫られる。全国の事業所や部署レベルで大方の合意ができあがった頃、最初の人事部長からどうしたらよいかを相談された T 氏は、喫煙で会社が訴えられた事例資料を手渡し決断を促したという。最終的に、事後承認的な格好で、人事部から全社的な方針が通知されることになった。

　このT氏のケースも、自分の声で周囲が動き出し、その動きに関わりながら一つの着地点に到達した事例である。もっとも、その展開はT氏の予想を超えていた。というより、もともと周到なプランがあって始めたのではなく半ば博打的に始めたものであり、その意味でアドリブ的で危なっかしいものであった。途中彼女は、全社を巻き込んでどんどん事が大きくなっていくことに恐怖を感じたという。自分が発した「どう思いますか」の一言が、多様な声を誘

発し、それらの声に導かれて声を返していく連続のなかで、結果として一つの事業が達成されることになった。

　以上はほんの一例であるが、「交通する主体」という微分化された主体の動きの連鎖を「単位」とすることではじめて、日常的な振舞いに現れる問題解決実践のダイナミズムを理解することができる。

4　「複数化する主体」：新たな法主体②
——微分化された主体の積分化現象

📡（1）集まりに現れる主体

　こうして法主体像を描くことで現実の人びとの「実践を理解」していくことが可能になるが、逆に実践例の方から新しい法主体のあり方が示唆されることもある。

　たとえば、地震後の校庭に50分留まって74名の子どもが犠牲になった大川小学校の津波事故（⇒第8章参照）では、54の遺族のうち19遺族が訴訟を起こすことになった。訴訟を始めた家族とそうでない家族に分かれる形になったが、両者は毎日のように情報交換し、語り部ガイドや勉強会、座談会、研究会等の取り組みもずっと一緒に行なっている。

　もちろん、54の遺族が常に足並みを揃え一致団結して活動しているというわけではない。ある遺族が語ってくれた次の言葉はとても重い。

　74人の子どもが犠牲になり、54家族が遺族となりました。
　それぞれの向き合い方があります。

　「それぞれの向き合い方」とは、家族間だけでなく、一つの家族
の父親と母親、残った兄弟姉妹の間をも含むものだろう。しかし、
この「それぞれ」は、バラバラとは違う。

　それぞれがそのつどの活動を共にし、そこで考え、そのときどき
でメンバーの入れ替わりもありながら次の手探り活動が生まれてい
く。この活動は、原告となった親とそうでない親との区分はもちろ
ん、遺族と関係者、当事者と支援者の区分さえもときに超えてい
く。私も語り部ガイドや座談会に参加させてもらったが、会場設営
や資料配布等の作業を外側から見ているだけでは、誰が遺族なの
か、地域の人たちなのか、支援者なのか、記者なのか、見分けるこ
とはできなかった。

　もっとも、この集まり（gathering）は、一つの団体として共通の
目的や目標をもった〈組織〉とは異なる。むしろ、その時その場の
アドホックな関わりの累積が、一つの大きな主体のような姿をとっ
て現れたものである。単数だった個としての主体が、日常的振舞い
に〈微分〉されていくなかで、今度はそれらが〈積分〉され、複数
の身体の上の一つの大きなうねりとして現れるに至った。個々の主
体を加算しても見えてこない、この「複数化する主体」は、振舞い
に微分化された主体の一つの発展形と言える。

　これを新たな法主体（agent）と認めることができれば、現在の
法制度・紛争処理制度の問題を見る視点も変わってくるだろう。

(2)「複数化する主体」が求めるもの

　自分のニーズを知り自己完結した個としての主体を前提としてき
た近代法型裁判から見れば、振舞いに微分されその連鎖から再積分

化された新しい主体の問題解決などおよそ扱い得ないものと映るだろう。実際、最高裁で判決が確定した大川小の親たちの取り組みは、勝訴判決では終わらない、むしろやっとスタートラインに立ったと遺族は語る。

　続けようとしている解決課題が何なのか、どこへ向かおうとしているのかはまだ分からないが、親たちが向き合っている問題とその解決が、法的解決よりもはるかに大きいことは明らかである。座談会や研究会での議論は、必ずしも特定の方向に焦点化されたり収斂したりするわけではない。むしろ、何が起こったのか、どこに問題があるのかを簡単に特定できないくらい、大きな問題に立ち向かっているように思われる。

　他方で、簡単に整理がつかない状態は、裁判という仕組みや言語空間とは明らかに一致しない。法・裁判は、常に「誰に、何を、どんな根拠で」請求するのかを聞いてくる。自分の要求を知り、自由に合理的な行動選択を行う法主体モデルは、近代法の機能化から逆算されたモデルである。

　しかし、こうした法主体＝法制度だけを前提にすると、子どもを失いそれをどう受け止め生きていくかを考え続ける当事者の姿は法の視野からはみ出してしまう。自己の要求を知る「個として自律した主体」だけでなく、動きながら考える「交通する主体」や「複数化する主体」に目を向けることができたとき、はじめて法と社会の生々しいぶつかり合いも見えてくるように思われる。

　主体像は、たんなる「人のイメージやモデル」ではない。それは、既存の法と社会の枠組みの外側で苦闘する人びとを見つけ、そこに臨床的に関わりながら現在の制度の問題点と課題を見つけるた

めの重要な認識装置でもある。

5　臨床的関わりとしての法社会学　●　●　•

　以上、現代における法主体像として二つの新しい主体モデルを提示するとともに、法主体像の考察が、臨床的な関わりを通した法と社会研究の重要な一部であることを示してきた。その関わりの接点は、われわれの日常的営みのそこここにある。

　たとえば、現在（あるいは将来において）弁護士や司法書士等の法専門家として活動する実務家は、人びとと直に接触し、その問題や課題解決に関わっている。その際、依頼者の相談を法的観点だけから捉えるのではなく、人びとの日常的振舞いにまで視野を広げ、動きながら考える主体の身動きとして受け止め考察することは、日常の経験を臨床的に再組織化するきっかけとなり、仕事の仕方にも循環的に反映されていく。

　同様に、人びととの臨床的関わりは、調査・研究の場にも新しい方法の開発を促す。1回きりではない継続的なヒアリングや現地取材、「聞く側＝聞かれる側」という立場を超えて当事者と一緒に考える研究活動等、臨床的関わりとしての調査研究はこれまでとは違った方法を生み、法主体論を含めた新たな仮説や理論的考察にもつながっていく。

　他方、学生の立場においても、臨床的な関心をもって教材や資料を読むことの意義は大きい。ゼミ研究で事例に接するときも、当事者や関係者を臨床的な身構えで理解することで、読み取られる情報も一気に豊かなものに変わるだろう。そしてその経験は、就職先の企業・役所等での顧客・住民との臨床的関わりの下地にもなる。

　法主体像の考察は、こうした「それぞれ」の臨床的関わりの重要なキッカケとなるだろう。

〈参考文献〉

川島武宜『川島武宜著作集 第 4 巻（法社会学 4)』（岩波書店、1982 年)

G・ベイトソン（佐藤良明訳）『精神と自然：生きた世界の認識論〔改訂版普及版〕』（新思索社、2006 年)

　　　　同　　　　（佐藤良明訳）『精神の生態学（改訂第 2 版)』（新思索社、2000 年)

西田英一『声の法社会学』（北大路書房、2019 年)

和田仁孝『法の権力とナラティヴ』（北大路書房、2020 年)

第4章
法意識論の意義と展開

　法意識論は、我が国の法社会学において、一つの重要な研究課題としてとらえられてきた。川島武宜教授の問題提起にはじまり、多くの法社会学者や法学者が、この論点に正面からアプローチし、あるいは、レビューを行ってきている。しかし、他方で、この法意識という概念は、きわめて多義的であり、法意識への言及がなされる際に、法についての意識、観念のどの側面に注目しているか、個々の論者の視点を十分踏まえておく必要がある。

　法意識という語がはらむ多義性は、従来から意識されており、法意識を法知識、法意見、法態度などの要素を包含するものとして分析的に理論化することも行われている。また、一定年度ごとに日本人の法意識に関し、質問紙調査により、これを把握しようとする研究もおこなわれるなど、旺盛な研究が重ねられてきた。加えて、川島が一般向けに著した書物『日本人の法意識』は一般人の関心も引いて、法意識論は、学術的にも、一般的な意味でも広く注目され、言及されることとなった。

　ここでは、まず、川島の問題提起から、そこで示された議論の構図と問題点を紹介し、検討していくことにしよう。

1 川島法意識論の構図 ● ● ●

(1) 川島法意識論の問題関心

　川島武宜教授は、戦後日本の法社会学をけん引してきた学者である。川島にとっては、同時期の多くの法社会学者と同様、戦前の前近代的な社会から、民主主義社会へと、日本社会を変革していくことに、その究極の目的があったといえる。そこで川島は、日本人の法意識を一つのテーマとして取り上げる。その問題意識は、「互いの関係を法に基づく権利義務の関係として位置づけ、それを支える近代的遵法精神が存在する西洋」に比べ、日本人はいまだに「前近代的社会関係に支配されており、権利義務の観念や遵法精神が未発達である」という現状認識を踏まえ、いかにこれを近代化していくかというものであった。この日本社会の近代化という問題は、すべての社会科学領域での重要課題であり、法意識論もその枠の中で問題提起されたといえよう。

　現代の後知恵でみると、川島が目標として示した「遵法精神を持ち、権利義務によって互いの関係を律すること」が定着したといえるような社会は、世界のいずれにおいても経験的には見当たらず、西洋社会の現実というよりは、西洋社会の「理念」だったというべきであろう。すなわち、理念としての西洋社会と現実としての日本社会が、対比されていたのである。

　この点は、アメリカ法社会学の古典的研究とみなされている1963年の調査研究からも明らかになる。スチュアート・マコーリーは、ウィスコンシン州の企業が契約にあたって、また紛争が生じたような場合に、どのような対応を行っているかについて、調査を実

施した。取引を行った地場企業は、大まかな合意が達成されれば、契約書を作ることさえしない例も多数見られた。およそ 7 割の契約で契約書は作成されていなかった。作成したとしても、それを重視することもなく、しばしば双方の持つ文書に齟齬さえ存在していたという。むしろそこで重視されたのは、誠実さや信頼関係であった。これが、日本社会における取引の描写だったとしても、大きな違和感はないだろう。

　さらに取引の履行をめぐって争いが生じた場合、ウィスコンシンの地場企業は、法を順守し、権利義務に基づいて問題を解決していたのだろうか。マコーリーの調査によれば、現実には、信頼に基づき解決することを重視し、裁判は回避して、契約書の内容や法の規定とは異なる次元を考慮して問題処理していたというのである。法律家を避け、詳細な契約書も作成しないことにより、信頼に基づく、柔軟な解決が図られていたのである。きわめて「日本的」に見える行動パターンといってもおかしくない。

　もちろん、これはウィスコンシンの 1960 年代初頭の地場企業の調査ではあるが、逆にそのことが、「日本人の法意識」、「西洋の法意識」といった大きな枠で概念をとらえることの困難と問題を示唆しているといってよいだろう。にもかかわらず、川島の法意識をめぐるこうした対比図式は、当時の社会状況の中に置いてみれば、日本社会の変容へ向けて、必要かつ有益な問題提起であったといえる。

(2) 川島法意識論の克服

　もちろん、現代において法意識を考えていく際には、川島の問題提起を手掛かりにいくつかの修正を加えていくことが必要になる。

　第1に、日本人の法意識、西洋社会の遵法精神といった、大き
な議論ではなく、より細かな次元での法意識の把握が必要になる。
日本の、アメリカの、といった大きな次元での法意識を問題にでき
るとしても、より慎重でなければならず、個々の法に関して、個々
の地域、現場に応じて、ローカルな法意識の経験的探求の上に基礎
づけられていく必要があるだろう。マコーリーが示したのもアメリ
カのウィスコンシン地域の法意識であるし、マンハッタンでは異な
る意識がみられることが当然に予測できる。日本においても同様で
ある。

　第2に、当初の法意識論に内在していた発展論的な仮説も問題
となってくる。初期法意識論が暗黙に前提としたと思われる「前近
代的法意識から、次いで利益実現のための法の便宜的・道具的動員
という中間段階を経て、最終的には遵法精神と法的権利義務関係と
して互いの権利を尊重し関係を律していく意識へ」という発展図式
である。

　最終段階として措定されている「法により互いの関係を律する意
識も遵法精神」も、理念としては意義を有しつつも、現実には、西
洋社会を見ても、実現はほとんど不可能である。とりわけ、共同体
的な要素が強いとされたわが国では、遵法精神は互いの権利義務の
尊重に基づくというより、逆に、戦前の権威への服従が、法という
権力（お上の指示）への服従という形に転換したものとして、むし
ろ前近代的意識の指標にさえなりかねない。

　西洋を見ても、むしろ法や権利を「遵守」すべきものとみるより
も、便宜的に活用し自身の利益を守るための土俵、道具として捉え
る意識こそ、成熟した法の認識とさえ、言えるかもしれない。

　たとえば、英米法の国における陪審裁判は、理念はともかく、現実には、弁護士のストーリーテリングによって、勝敗が左右されるような展開をとる。骨格としての法、権利義務の適用という形式は保ちつつ、ドラマ化されたその操作が、法廷でも生起するのである。これに比べれば、わが国の裁判は、非常に厳格に遂行され、精密司法とよばれるような特徴を有している。少なくとも、表面的には、日本の司法の方が、ずっと法と権利義務を重視しているように見える。争う当事者の意識の次元でも、それは変わるところはない。質問紙調査の結果を見ても、日本人は、法に一般的関心を払わないものの、法や裁判について「正義を実現する制度」として信頼を寄せているが、西洋では、むしろ裁判への不信やそれに基づく戦略的利用の意識が強いと言わざるを得ない。川島が見た、理想的な権利義務に基づく遵法精神を実現した社会は、経験的には西洋にも見出し得ず、おそらく政治的言説の中で見られるに過ぎない。それは見果てぬ夢としての理念的ゴールにほかならなかったのである。

　こうした問題をはらみつつも、近代化論が席巻していた当時の日本の状況の中で、川島法意識論は、日本社会の改革という大きな時代的要請に資するものであったといえよう。そしてこの法意識論は、とりわけ人々の訴訟利用というトピックと結び付けられ、学界のみならず、通俗的な日本文化論の隆盛の中で、議論されていくことになる。

2　権利意識と訴訟利用行動

(1) 法 意 識 説

　さて、川島法意識論は、契約から所有権まで、幅広い射程を持つ

問題提起であったが、中でも最も注目されたのは、訴訟利用と法意識の問題である。日本は、西洋のみならずアジア諸国も含め海外の国と比べ、訴訟件数が著しく低い。なぜ、日本で訴訟が少ないのかは、司法制度の社会的機能を考える法社会学にあっても、重要な研究テーマであった。

　川島法意識論が、措定したのは、法意識、権利意識の低さゆえに訴訟利用が回避されるのだとするテーゼである。もちろん、川島も単純に法意識が原因としているわけではなく、様々な留保がありうるが、『日本人の法意識』という一般向けの著作の影響もあり、法意識の低さ、「互いの関係を権利義務で律する」意識の低さが、訴訟回避につながっているとの図式的見解が広く流布することになった。

　そして、日本人の法意識が成長するにしたがって、人々は、訴訟を利用する傾向が高まり、訴訟件数も増えていくであろうというのである。この予測が当たっているかどうかの判定は難しい。第一に、少し考えればわかるが、もし、人々の法意識が高まり、互いの権利義務を尊重する意識が向上すれば、むしろ人々は訴訟以前に問題解決できて、訴訟増にはつながらないことも考えられる。第二に、当時よりは訴訟は増えたかもしれないが、それでも世界各国と比較して、著しく少ない状況は、まったく変わっていない。

　こうした点も踏まえ、法意識の成熟度が訴訟利用を制限しているという仮説、法意識説への批判が生まれてくる。

(2) 制度環境原因説

　その代表的なものが制度環境原因説とも呼べるものである。人々

が訴訟を利用しようという旺盛な意識を持ったとしても、制度的な障壁があれば、それは困難となる。訴訟利用にあたっては、個人は多くの負担を強いられる。訴訟は正義実現の手続だと考えていても、訴訟手数料や弁護士費用など経済的コストが必要である。また、訴訟は相当の時間がかかる場合もあり、この時間的コストも馬鹿にならない。金銭や時間を、多く費やすのであれば、もう泣き寝入りする方がましであったり、少し不利でも話し合いで解決する方がましであったりということになる。これは法意識とは異なる次元のハードルであり、法意識が高かろうが低かろうが、訴訟回避を促すことになる。

　実際、都市と地方で行われた比較調査によれば、とりわけ都市部で、人々が訴訟を避ける理由は、かえってひまどる、お金がかかる、などの制度関連の理由が、法意識に関わる回答より、ずっと高かったという結果も示されている。また、日本法研究者のジョン・ヘイリーによる論文「裁判嫌いの神話」が、より包括的にこの説を主張することになった。

　制度的環境としては、日本は、まず極端に少ない弁護士しか存在していない。最近の司法改革で格段に増員されたが、それでも4万人程度に過ぎない。法意識が議論されたころには1万人強であった。これに対しアメリカでは、現在、100万人を超える弁護士がいる。また、これに比例して、司法予算や裁判官の数なども日本は少ない。

　その結果、アメリカの企業が不断の訴訟にさらされているのに対し、日本企業はそうした圧力をほとんど感じることなく業務に専念できる。すなわち、司法制度は企業の行動を統制する機能をほとん

ど果たさず、代わって、日本では政府・行政が、様々な不透明な指導を含む形で統制を行っている。法意識論が問題となった経済の高度成長期には、国全体、したがって国民の富も増加する中で、国民自体もこの体制に不満を持たず、司法の拡大へのニーズなど、意識もしなかった。司法界自体も、少数の弁護士数で一定の事案を配分でき、やりがいのある事案、経済的に引き合う事案のみに専念でき、いわば寡占状態にあったため、弁護士の増加はむしろ忌避されていたといえる。こうして日本国内で、すべての層が、裁判の充実・増加を積極的に望まず、小さな司法の状態が維持されたのである。

確かに、この制度環境説には説得力があるが、なお、ではなぜ、そうした縮小均衡的政策が維持されてきたのか、また、2000年頃の司法制度改革で、経済のグローバル化などを背景にしつつ、制度環境の抜本的改善が行われたにもかかわらず、なお、訴訟利用が大きく増加していないのはなぜか、など疑問は残る。果たして人々が訴訟を利用しないのは、制度環境のみによるものなのだろうか。

(3) 予測可能性説

もう一つの説は予測可能説と呼ばれるが、法経済学の研究者であり日本法の研究者であるマーク・ラムザイヤー教授による説である。それは、アメリカの司法に比較して、日本の司法は精緻であり、判決の傾向もおおむね予測できる。先に述べたように、陪審裁判の米国では、弁護士のパフォーマンスや陪審員の判断によって、結果が大きく揺れる事案が多い。それに比べ日本の裁判所は安定した判決傾向を保っているため、多くの当事者は、訴訟を提起しなくても、互いに予測される判決内容を準拠点に。コストをかけること

なく訴訟外での解決ができる、そのため訴訟件数は少ないのだということになる。

　確かに、交通事故訴訟には非常に当てはまる説といえる。自動車が普及し始めたころは、交通管制システムも不安定で、事故も多く、その結果賠償をめぐる紛争も多発した。当初は、その損害をどのように評価するかの統一的な見解もなく、過失認定のための基準もなかった。当然ながら、裁判ごとにかなり異なる判決が出され、予測可能性は低く、訴訟件数も激増していった。こうした問題を解消するため、現在、適用されている交通事故損害賠償算定基準や過失認定基準などが作成され、判決が統一性を帯びるとともに、予測可能となっていった。また、多額の賠償をできない加害者も多く、その場合、被害者、加害者双方の家庭が壊れる事態も生じてきたため、自動車賠償責任法の下で強制保険が義務化され、任意保険も普及することになった。また、保険普及に伴い、保険会社が示談代行を行う仕組みなども整備された。こうした試みの結果、一時、裁判所にあふれた交通事故訴訟は、潮が引くように減少することになる。

　すなわち判決結果が予測可能であることが、訴訟を減少させるという説が適合的なのである。しかし、これにも問題はある。確かに予測可能性は訴訟利用を不要にするが、交通事故のような画一的な要素が大きい損害賠償事案は別として、契約紛争事案などは、画一化が困難で予測可能でない事案が多い。交通事故訴訟など特殊な領域は別として、多くの訴訟で、予測可能性が非常に高いとは言えない状況にあるにもかかわらず、訴訟数は少ない。

　このように、裁判のすべての領域に予測可能説を適用するには無

理があると言わざるを得ない。

⨾(4) 訴訟利用行動の位置づけ

　さて、では法意識の問題、ないしは訴訟利用については、どう考えるべきか。おそらく、すべての説に部分的妥当性は認めることができるが、そもそも一つの要因による説明自体が困難であると考えざるを得ない。

　アメリカは、確かに訴訟件数は多いが、民事訴訟の95％は公判まで進むことなく、準備手続内で合意して終わってしまう。日本の訴訟は、そのほとんどが公判に進み、いわゆる法廷での主張立証が行われる。こうした差異を捨象して、訴訟の多寡のみを議論することには、問題がある。まして、その多寡を法意識の成熟度と結びけることにも無理がある。少なくとも「訴訟の質」という要素を考察に組み込むことも必要であろう。また、アメリカには、州によっては、少額事件について、たとえば週に２度、18時から21時まで開廷する少額裁判所という裁判手続がある。18時になると、多くの人々が列を作り大法廷の傍聴人席に着席する。一斉に、全員が起立し宣誓をしたうえで、事件ごとに裁判官に呼び出される。呼び出された当事者は、契約書や領収書を手に、裁判官席の前に集合、裁判官が訴えと反論を聞いて、20分もしないうちに判決が出る。2〜30万程度が訴額の上限であるが、いわば仕事の帰りに立ち寄れる裁判所ということになる。また、良し悪しは別として、アメリカでは法廷チャンネルといった放送番組があり、世間の耳目を集めるような訴訟は、最初から最後までテレビで放送される。日本では考えられない状況といえる。

　こうしたアメリカの制度は、人々の訴訟利用を制度環境面でも、意識面でも、促進する効果を持つだろう。ただし、「互いの権利義務を尊重して関係を律する」「遵法精神」というのではなく、気軽に利用できる裁判を、自らの利害実現のために戦略的に活用する意識と、それを可能にする制度環境ということである。アメリカの少額裁判所の利用者に、質問紙調査を行ったとしよう。「あなたは他者の権利や自身の義務を尊重しますか？」おそらく多くの人がイエスと回答するだろう。しかし、そうした回答とは裏腹に、多くの利用者は利害勘定を前提に訴訟利用しているように思われる。それは決して否定すべき状況ということにはならないだろう。

　それゆえ、「互いの権利義務を尊重して関係を律する」といった法意識の次元ではなく、裁判とは何か、どのようなものとして解釈されているかといった、より認知的な次元での法意識の差異も問題とされる必要がある。

　また、日本の法文化についても別様の見方が提示されている。歴史的に検証したところ、むしろ日本人は訴訟を積極的に活用していた事例が多く出てくることも明らかになった。中世の御家人ら土地所有者は土地や水利権をめぐって盛んに裁判を利用したし、江戸時代には庶民も訴訟を利用していた。明治期に裁判制度が設立された直後は、非常に多くの訴訟が提起されていた、など。制度的差異や、社会環境を踏まえるべきであるが、決して訴訟回避が日本人の根源的意識ではないことは念頭に置いておく必要がある。アメリカの少額裁判利用者と同様に、鎌倉時代の御家人が訴訟をどのような意識で認知していたか、江戸の庶民、明治の市民は、裁判をどのように認識していたかが、制度的要因とも相まって、訴訟利用行動を

規定しているのである。

3　ローカルな動態的法意識研究　● ● ●

(1)　ローカルな法意識

　我が国で展開された法意識論とは別に、アメリカでは、また異なる次元での法意識研究が、主に人類学に関係する研究者によってなされてきた。「日本人の法意識」であったり、「近代的な法意識」であったり、そのような大掴みの法意識でなく、個人ないしコミュニティの人々の日常的生活の中で、その振舞いや認識に組み込まれた法意識について検討しようとする研究である。それは、小さな関係性を対象とする点で、ローカルな研究であり、徹底した現場主義による臨床ないし解釈法社会学アプローチの一つということができる。

　その指導的研究者が、ディヴィッド・エンゲルである。エンゲルは、経済的に発展しつつあるアメリカのある地域コミュニティにおいて、人々の法や共同体についての認識の変容について、参与観察とインテンシブなインタビューによって精緻に分析している。そこでは、法は、人々の外側にある実体ではなく、日常生活の中で参照され、言及される際に、その日常生活、規範意識を構築するとともに、法自体の意味も構成されていくという、解釈的循環関係にあると捉えられている。訴訟利用をどのように意味づけるかについても、経済発展につれ人口が増加し、新住民が流入する中で、古くからのコミュニティ成員内部のもめごとか、新住民との問題についての訴訟利用かによって、訴訟利用が肯定的に評価されたり、否定されたり差異が生じてくることを示している。人々は、その置かれた

様々な状況や要因によって、訴訟に関する法意識を変容させるのである。また、エンゲルは、こうした研究を踏まえて、アメリカで傷害を負った被害者のほとんどが、法や訴訟に頼らず、いかに権利主張するケースが少ないかを論じている。こうした近年のローカルな法意識研究は、二つの重要な示唆を与えてくれる。

　第 1 に、「あるべき法意識」「遅れた法意識」「日本人の法意識」「アメリカ人の法意識」といった、カテゴライズされた法意識という概念を立てて議論することへの疑問である。エンゲルの研究が示すのは、法意識が例えば契約意識でも訴訟利用の権利意識でも、個々のコミュニティによって、さらにはその成員個々によって、微細なずれを常にはらんでいるのが普通だという点である。大きな議論から、これらローカルな法意識、法領域ごとの個別の意識についての研究を積み重ねていくことの方が、川島の時代と異なり、現在では重要であるかと思われる。

　第 2 に、関連するが、法意識というものを、「日本人」といった大きなカテゴリーであれ、個人であれ、ほとんど変わらない固定した「実体」のようにとらえることの誤謬である。訴訟回避行動をとるか、訴訟利用行動をとるかは、アメリカ人でも日本人でも状況により異なってくる。問題そのものの性質によって訴訟回避的であったり、訴訟に積極的であったり、その対応は多様である。同じ個人であっても、その置かれた関係性や時間要素の中で行動が変容することもある。こうした個々の状況下で構成されるローカルな意識として、法意識を「動態的な過程」としてとらえなおすことが重要である。

　そして、そのローカルな構成的法意識が、置かれた状況、利用可

能なリソース、裁判や弁護士を、どのように認識的に構成しているかを問題にする必要がある。そこでは制度環境と法意識が、融合して人々の認識の中で、構成されているからである。

(2) イデオロギーとしての法と法意識

　もう一つ、こうした法と日常生活の相互構成過程を見る視角は、法と日常をめぐる争いの場としても理解することができる。

　法は、我々の日常的意識を様々な次元で構成している。例えば、買い物をしたり、公共交通機関に乗ったり、日常生活の振舞いも、その基盤に法的枠組が潜在している。しかし、中には、個人によって、法への態度が異なる領域もある。結婚制度がよい例である。日本国憲法は、「婚姻は、両性の合意のみに基づいて成立」すると規定している。この規定の両性とは、これまで、男性と女性であると認識されてきた。個人の意向を無視し、家と家の関係から抑圧的に婚姻を促すような意識から、個人の自由意思による婚姻を支持するものとして、これまでは、肯定的に理解されてきたと思われる。しかし、現在、LGBT の人々の権利との関係では、彼らの婚姻を認めない障壁として機能するかもしれない。

　問題は、こうした問題提起がなされる以前には、多くの人々が結婚は男女間で成立するのが当然だと認識していただろうという点である。しかし、LGBT の人々は突然現れたわけではない。かつて多くの人々が「婚姻は男女の自由意思で成立すべきだ」と考え語ってきた時も、LGBT の人々は苦痛を感じ、苦悩を抱えてきたことは、想像に難くない。もちろん、現在は、その改善がなされていく過程にあるが、我々が、無意識に法によって意識を構成され、「我々に

とっての当たり前の世界」を当然視していること、そこにしばしば
抑圧的作用があることを、考えておく必要がある。法の持つこうし
た作用をイデオロギー作用と呼ぶことができる。

　社会の様々な抑圧的場面で、法は抑圧された人々を救い、その権
利を是正するための手がかりとして機能する。しかし、他方で、法
は、気づかないうちに、他の様々な制度とあいまって、人々の「当
たり前の世界」を構成し、そこから外れた人々への抑圧を暗黙のう
ちに生み出している面も否定できない。ジェンダー、ホームレス、
障がい者など、法の抑圧性が人々の意識を通じて作用している場合
はないだろうか。

　こうした問題の存在を認識し、批判的視点を持ちつつ、人々の法
意識を検証していくことも、今後の法意識研究の重要な課題であ
る。

〈参考文献〉
ディヴィッド・エンゲル「何が不法行為法の敷居を高くしているのか
　　――権利主張が希少であることを説明する」西田英一・山本顯治編
　　『振舞いとしての法』（法律文化社、2016 年）64 頁
ジョン・ヘイリー「裁判嫌いの神話上・下」法律時報 902 号（1978
　　年）14-22 頁、907 号（1979 年）13-20 頁
川島武宜『日本人の法意識』（岩波書店、1967 年）
大木雅夫『日本人の法観念――西洋的法観念との比較』（東京大学出版
　　会、1983 年）
マーク・ラムザイヤー『法と経済学――日本法の経済分析』（弘文堂、
　　1990 年）

第5章
ジェンダーと法

　この章では、ジェンダーと法を学ぶにあたって基礎的な概念の整理を行い、ジェンダー概念とそれを生み出したフェミニズムが学問的に提起してきた問題と、それが法や社会のあり方をどのように変えうるかを辿る。基準がなにか、その適用される領域はどこで、それらはジェンダーとどうかかわるかを中心に基礎的な理解をえると同時に、「あたりまえ」とされることを常に問い直す学問的態度を経験してもらいたい。

1　ジェンダーと規範　●　●　●　●

　ジェンダーは社会的・学問的運動としてのフェミニズム（反性差別主義、性差別主義＝セクシズム）が、生物的決定論を克服する概念として使用し始めた。それまでは、男女の性別は生得的であり、それが個人の特性、長所、短所、能力、役割を決めるとされた。しかし、フェミニズムはそれらを生き物としての身体の特徴とは区別できる社会的につくられたもの（社会学なら構造、法学に寄せると規範）であることを明らかにし、研究すべき対象とした。

ⓖ（1）性にまつわる概念

　生物としての身体は、生まれ持ったものであり、一般的にはその体の性的特徴も一生そのままであるとされる。（生物としての性別、セックス、sex）生まれた後に社会化（生育）によって、その社会において特定の性別にふさわしいとされる立ち居振る舞いやあるべき思考様式を学習することで、人は社会に適応する。この学習される性別がジェンダー（社会的性別、gender）である。ジェンダーは社会的につくられるものであり、「あたりまえ」として身につけられる、社会規範の一つである。

　人間の性別を二種類に分ける考え方そのものも、ジェンダーによる思考枠組みである。生き物としての人間は、多様な身体的特徴（染色体、内分泌、生殖器など）をもって生まれ、それぞれの器官の機能もさまざまである（性別の「スペクトラム」と表現されることがある。ただ、両極は空集合であり理念型であろう）。それにもかかわらず、男女という二つの対立するカテゴリーに人を振り分けること、振り分けられたカテゴリーの「あたりまえ」に従うこと、それらを命じるのがジェンダーという社会規範である。

　ここで、性別にかかわる用語を見ておこう。性自認（日本の法律用語では性同一性、gender identity）は、自己の性別（ジェンダー）をどう認識するか、主観的なジェンダーである。身体的特徴によって付与された性別（日本の場合は、出生届に性別（現行法上女か男かのみ）記載欄があり、通常、出生時に外性器の特徴によって他者に「認定」された性別が記入される）が、自認するジェンダーと一致する場合はシスジェンダー、一致しない場合はトランスジェンダーとされる。社会的には、性別は、他人からの認識と自己の認識とが一致す

る場合もあれば、しない場合もある。ジェンダーは間主観的な現象であるといえる。

　自認する性と外見・言動の性を一致させる必要は、論理的には必ずしもないかもしれない。しかし、自分が何者か、何者として生きたいかは、個人の幸福にとって重要であるし、それは他者からそのような人として認識され、接せられることで実現する部分が少なからずある。自認するジェンダーとして他人からも認識されたい場合は、自認するジェンダー「らしく」振る舞い、社会生活を送ることになるだろう。社会のジェンダー規範が強いほど、トランスジェンダーとしての生き方への許容度は低く、認知度も高くないため、「普通の日常生活」を送るだけでも、大きな負担となることがありうる。

　セクシュアリティは、性的な欲望をどう感じ、どう行動するかにかかわる概念である。まったく関心がない場合（アセクシュアル）もあれば、相手の性別にかかわらない場合（バイセクシュアルと呼ばれたりする）もあり、同じ性別に惹かれる場合（同性愛、ホモセクシュアル：ゲイ、レズビアン）、異なる性別に惹かれる場合（異性愛、ヘテロセクシュアル）などがある。

　性的指向（sexual orientation）、性自認（gender identity）、性表現（sexual expression）は、自律的に変更可能という意味ではなく、他者から尊重されるべきという意味で、個人の自己決定領域に属する人権とされる。

　ジェンダーとセクシュアリティは区別されるべき概念であり、どちらにも、多様性がある。どちらも性別（ジェンダー）を参照軸として説明される、関連する概念である。ジェンダーは近代社会の異

性愛主義（ヘテロセクシズム）的家族と密接にかかわる。近代家族
は異性愛主義であり、再生産平等主義であり、排他的な社会制度で
ある（落合 1997）。（2 − (1) 参照）

(2) 社会規範としてのジェンダー

　わたしたちの社会は、規範によって成立している。規範は、意識
されていても意識されていなくても、順守されたり違反されたりし
つつ、それらへのサンクションによって秩序を生み出す。社会規範
は、社会の構成員によって受容され、内面化され、明確に意識せず
とも順守されることにより実効性をもつ。そうするのが「あたりま
え」、「フツー」だからそうする、というように。守らなかった場合
には、周囲の否定的な反応などのサンクションにあう。一方法規範
は、意識せず守られているものも多いが、国家による実力を背景と
する強制の可能性により実効性が確保されている。法規範は制度化
されており、制定・改定および決定手続が明確に存在しているのに
対し、社会規範には通常そのような手続はない。では、どのように
して社会規範は変わりうるのだろうか。

　「ジェンダーも社会規範の一つである。」そう言われたとき、どう
反応するだろうか。「いやいや、男の子と女の子がいるのは事実で
しょう。」「女の子と男の子が違うのも、事実でしょう。」確かにそ
うである。しかし、事実としての性別、つまり現実の生身の身体
は、(1)で見たように、男女の二種類に截然と分けられるものでは
必ずしもない。それでも、わたしたちは日常生活では、二分法で考
える。女か、男か、と。

　性別による違いは実際に観察されるものもある。しかし、それら

は、二つに分けられうるという前提での二つのカテゴリー集団の間の平均値の差違である。ひとりひとりを見てみれば、身長や体重、好きな遊び、得意な科目、苦手な食べ物などは人それぞれである。集団として観察される傾向をもって、個人の特性と捉え、その傾向に従うことを強いることは、個人にたいして暴力的な圧力となりえる。

　ここで、少し考えてみよう。「女の子だから……」「男の子だから……」に続く、日常生活でよく言われる言葉を5個ずつ、上げてみよう。もし、周りに友達がいれば、同じように上げてもらって、情報交換をしてみよう。どうだろうか。同じような内容になっていないだろうか。次に、それぞれの言葉に、どのくらい自分や家族や友達が合致しているか、考えてみよう。意外と、なにかしら当てはまらないものがあるのではないだろうか。個別具体的な人は、それぞれに個性があって、多様なのではないだろうか。それが、観察された事実である。他方、先に5個ずつ挙げた、女の子らしい振る舞い・特性と男の子らしい振る舞い・特性は、虚偽であり、無効として破棄できるだろうか。おそらく、それでも、それらの「性別らしさ」は変わらず受け入れられているだろう。違背する事実があったとしても、直ちに修正や破棄されることなく、妥当性を維持するもの、それは規範である。

　身体の多様さ、人それぞれの特徴、それにもかかわらず、人を二種類に分けるべきこと、各カテゴリーに特有の特徴があるべきことを命じるのがジェンダー規範である。さらに、先ほど考えた「らしさ」を比較してみよう。どちらが、より物理的・経済的・社会的力や資源を得る特徴だろうか。あるいは、どちらがより、社会生活において有力だったり、評価が高い特徴だろうか。ジェンダーは、性

別によって異なる立ち居振る舞いを求めるが、その立ち居振る舞い
は、優劣や強弱など、権力や価値の配分（序列化）も同時に行って
いる。そのような価値づけを含むのがジェンダー規範である。

(3) 性差、ステレオタイプ、偏見（バイアス）、差別

　ジェンダー間の差異とその認識について、少し整理しておこう。

　(2)でも述べたように、性差は観察される「事実」である。注意
が必要なのは、第一に、それは集団間の平均値の差であって、個人
にそれを当てはめて評価することは不適切な場合があるということ
である。第二に、性差であると思っていることが、実はステレオタ
イプや偏見であることがあり、それを個人に対する評価の基準にす
ることは、差別的でありうるということである。第三に、現在観察
される性差は、不変の、固定的な特徴であるかどうかは、疑ってみ
る必要があるということだ。性差として、現在この社会で観察され
る「事実」は、社会規範としてのジェンダーに沿った行動の結果
——女性の方が体格が小さい（平均値）が、「女の子は小さい方が可
愛い」からミルクは少なめ、ご飯も少なめ、成長期にダイエットす
る、さらに、筋肉をつけないように運動も控えめにするならば、生
き物として大きくはなりづらいだろう——かもしれず、社会状況が
変われば、変化したり消滅したりするかもしれないからだ。さらに
は、そもそもの分け方自体が「正しい」かも問われるだろう。

　クロード・スティールによれば、ステレオタイプは、そのカテゴ
リーに属する人にはどのようなイメージがあるかという認識におけ
る概念である。偏見（バイアス）はそのカテゴリーの他人へのネガ
ティブなイメージに対する拒否的、嫌悪的、敵対的感情である。差

別は、偏見に基づいた言動という行動についての概念である。たとえば、「女性はリーダーシップに欠ける」というイメージはステレオタイプであり、このイメージによって、女性上司やリーダーに不満を感じやすくなるのが偏見である。差別は「だから登用しない」「いうことを聞かない」という、個人の能力の査定に基づくのではなく、女性だからというステレオタイプで実質的に不利益を他人に与える行動をとることである。これは個人の能力や個性についての思い込み（ステレオタイプ）に基づく拒否感（偏見・バイアス）によって否定的な行動をすること（差別）であり、職場や学校で行われれば、性別に基づく差別行為である。この点について、たとえば、オーストラリアのニューサウスウェールズ州の州最高裁判所が作成した裁判官用の法廷での手引書（Equality before the Law Bench book: EBLB）では、以下のように規定している。

　「一人ひとりの女性を個人として扱い、女性はみんな同じ、女性はみんな同じように行動する傾向にある、ということを暗に示す発言をしない。女性の過半数がそう行動したり考えたりするだろうと思ったり知っていたりしていることであっても、それを個々の女性を判断する基準であると決めつけたり暗示したりはけっしてしないこと」。（EBLB 2006: 7301, 7302）

　スティールによれば、ステレオタイプの存在が、ステレオタイプ脅威をひきおこす。社会に共有されているステレオタイプは、各人が「知って」いて、内面化している。そのことによって、たとえ周りからの差別や偏見がない状況でも、本人が「周りからどう思われているかを恐れる」だけで、影響は出てしまい、パフォーマンスが落ちるということが実証されている。ジェンダーステレオタイプ

は、個人の能力発揮を難しくさせるのである。

実例として、「女性は数学が苦手である」というステレオタイプがある社会では、数学のテストを受けるときに、数学ができる女性ほどステレオタイプ脅威の効果（ステレオタイプを実証してしまうのではないか、そうなりたくないという心理により、集中力が殺がれること）によって、良い結果が出せない。これがステレオタイプ脅威の結果であることは、心理学実験で実証されている。

この点について、世界経済フォーラムが毎年公表しているグローバル・ジェンダー・ギャップ指数（GGGI、世界ランキングで日本は2020年は121位、2021年は120位）において、常に最上位カテゴリーにある国々では、国際学習度到達調査（PISA）の数学の得点に、男女間で差がないことを、あなたはどう考えるだろうか。性別にかかわらず、個人の能力が発揮できる環境が用意されれば、男女ともに、より多様な能力をもっと発揮できるだろう。

もう一つ、属性によるステレオタイプ（とそれに基づく偏見・差別）を恐れるマイノリティ（必ずしも数的に少数であるわけではなく、社会における権力関係において弱い方の立場にある集団）に属する個人が、その能力を十分発揮できる環境は、特定の場において、当該マイノリティのメンバーが一定数、そこに存在することによっても達成されうる。少数であるがゆえの居心地の悪さ（アイデンティティの脅威）を感じなくなる数を、クリティカルマスという。30％とよくいわれるが、相対的な概念であるため、確定的な割合や数値はないとされている（スティールは、米国連邦裁判所の初の女性判事であったサンドラ・デイ・オコナーのインタビューを引いて、もう一人、ルース・ベイダー・ギンズバーグが加わったことにより、クリティカルマス

が達成されたとしている)。このことは、特定の場（職場や教室など）において、多様性を確保し、マイノリティ集団が一定数いること自体に、組織にとっても価値があることを示し、暫定的特別措置やクオータ、パリテといった施策を支持するものである。

　ジェンダー規範が働く社会においては、ジェンダー間の差は無視することはできない。ジェンダーによって、個人が置かれる環境や期待される役割は異なるし、個人の経験や認識、ありたい姿等は影響される。また、身体の違いの尊重は、個人のウェルビーイングにとって重要である。ジェンダー規範の下では、基準が「男性」であり、法学（を含む、医学・理学その他多くの学術研究やその適用）においても、その基準を無自覚に使用していて、「基準」に合わないことや、比較できるデータがない（男性の事例がない）ことを理由に、女性を排除したり、権利侵害を見逃したりしていないかを常に問い返していく必要があるだろう。近年、身体的性差に着目して医療や工学・技術が変化してきているのは、ジェンダー視点の展開の成果といえる。法律の適用において、被害者のとった行動や目撃証言の信用性の判断基準は、「合理性」である。しかし、この行動の「合理性」自体、「男性」がどう行動するか、どう判断するかが前提となってきた。この点について、前出のベンチブックは、裁判官にこう注意を促している。

　「女性を、男性であればとったであろう行動で判断してはいけない。女性と男性の、類似の状況にかかわる経験と感情、したがって作為不作為は、正当な理由によって異なりうる（異なることが多い）。」

2 フェミニズム運動と法理論 ● ● ●

(1) 家父長制と近代家族

　古代の家父長制においては、家父が生産手段（土地、家畜、奴隷などの労働力）や軍事力をもち、市民として公的領域で政治活動の主体となり、生産活動を統括し、軍事活動も行う。妻と子（と隠居した親）は家父長の支配下にあり、「生殺与奪の権」の対象となる。家父長間の利害調整（政治）によって、法律が整備される。近代においては、生産と消費は分離されていき、生産は外部化され（産業化）、家族内の活動は、とくに都市部においては、消費と再生産活動に収れんする。

　近代国家は近代家族（≒私的領域）を、公的領域における活動主体（労働者、兵士、市民）の供給源としているが、私的領域の内部には「不介入」という建前を取る（「法は家庭に入らず。」）。近代国家は人口（国民）の量と質の管理に関心を持つため、再生産活動を家族（ジェンダー役割として女性の領域）に担わせ、規制する。

　近代家族は、夫婦と未婚の子からなる（核家族）単位を中心として、性別役割分業、子ども中心主義、再生産平等主義、排他的な情緒的関係を特徴とする、異性愛主義的社会制度である。近代国家は、労働者（兵士、市民）を公的領域に供給する機能を果たすこと（≒ケアを公的領域にはみ出させないこと）を家族に求める。「愛の行為」として、妻・母の労働はなされて当然（ジェンダー役割）であり、対価は不要とされる。その裏付けとして、近代法は、婚姻により女性から民事上の行為能力を奪い、子の親権をもたせず、夫の妻への暴力を正当化（「躾する権利」）する。近代革命は人権を謳った

が、革命によって成立した政府が法律上認めた人権主体は男性成人健常白人キリスト教徒の有産者であった。

(2) 公私二元論とフェミニズム

公私二元論は、社会を公的領域と私的領域という二項対立的領域に分け、それぞれに異なる価値、機能、主体を振り分ける。その境界線は、国家と家族、市場と家族の間にあり、ジェンダーによって、公的領域である国家と市場は男性に、私的領域である家族は女性に割り当てる。

19世紀末—20世紀初頭に、「参政権」を主として求めたとされる第一波フェミニズム運動は、同時に、女性の財産権や高等教育を受ける権利も主張した。特に、婚姻すると女性のみが自己の財産の処分権を失い、夫が管理権をもつ（「婚姻無能力」、「婚姻による民事上の死亡」）ことは、女性が社会活動をする自由が制限されるだけでなく、家族内で従属的地位に置かれる原因と考えられたため、立法によって修正することを求め、実現していった。これは、高等教育の門戸開放と同様に、非常に重要な成果である。

1960年代には、第二波フェミニズムによって、ジェンダー概念と公私二元論を克服する理論的基礎がつくられた（"The Personal is Political."「個人的なことは政治的なことである。」）。これは、権力・政治・法にかかわるパラダイムシフトの主張である。例えば、人権概念においては、従来、人権は公的領域における、国家と個人（「男性」が基準であることに注意）の関係で考えられてきた。しかし、フェミニズムは、個人間にも支配従属という権力関係がありえ、人権侵害が起こるということを示したのである。性差別を批判し克服

することを目指す法学研究と実践がフェミニズム法学である。

　法学を学ぶことにおいて、現状の法解釈や法制度を、多様な観点から検討し、改善する実践は、法学自体の発展に寄与するだけでなく、法の目的である正義の実現——多様な人びとが共生することができる（＝公平な関係性の可能な）空間を作り出すこと——を追求することでもある。法はその起源から、常に、共生可能な空間の創出、つまり公平な社会関係の在り方を構想し、それを実現することを価値理念として追求してきた（「正義を実現する」）これは、近代国家においては、共有された普遍的価値理念の一つである（法的価値）。

3　ジェンダー視点から法制度を見てみる

　ここでは、いくつかの分野において、「男性基準」のあり方とその変化（または変化すべき方向性）についてみておこう。観察される事象ごとに、それは誰（ジェンダー）の視点から見ているか、誰（ジェンダー）が基準として想定されているかを問うことが、ジェンダー理論の法社会学的研究における実践となる。この実践によって、基準にジェンダーがある場合は、それを変えていくことも考えねばならない。その時の指針となりうるのは、法は何のためにあるのか、その価値理念を踏まえて、現状を評価し、近い将来にあるべき姿を思い描き、それを実現できる方向で判断することである。日本でも、次の事例は、現状の基準やそれに基づく格差を黙認する（現状維持）か、異なる状況を想像して基準を変更する（現状変更）か、どちらがより法の実現すべき価値に従うかを検討したものといえる。（ただし、さらに検討されるべき問題がないわけではない。）男女に定年年齢の差を設けることの合理性を問う（最高裁判決平成 30 年

8 月 29 日）。職場における権利として性的いやがらせを違法とした（福岡地判平成 4 年 4 月 16 日）。交通事故による損害賠償訴訟での逸失利益の算定基準をどうするか（札幌高判平 14 年 5 月 2 日）。労働災害保険の外貌醜状に対する補償の男女別算定基準は何を基準としてどう損失を認定していたか（京都地裁平 27 年 5 月 22 日）。

　基準についてみておこう。公的領域は政治にかかわる領域と経済にかかわる領域に分けて考えることができる。まず、政治領域であるが、日本は世界の中でも、女性の政治参画が極めて低調である。それは、女性が政治に向いていないからではないことは、諸外国の女性首脳を見ればわかるだろう。また、日本の女性に能力がないとうわけでもない。他国においては民主主義の実質化のために真剣に重ねられた努力（クオータ・パリテなど）を、日本はしてこなかった結果である。さらに、日本の政治における活動のあり方（選挙活動、議員活動、地元活動など）は、極めて日常生活との両立が困難である。つまり、日常生活における生命維持活動にかかる時間と労力（身体的、精神的）を、負担しない人、それを自分以外の誰かに任せることが可能な人が基準であるからである。

　次に、市場であるが、日本の労働市場における女性の参画も、非常に低調であるといわざるをえない。（賃金格差、昇進格差、意思決定レベルの参画の希少さなどは、男女共同参画白書などで確認できる。）基準となる労働者像（モデル）は、働くことだけに集中し、自分と家族の生命維持活動（ケア活動）は誰かほかの人に任せることができる人である。つまり、ケアしない人（＝「男性」）である。ケアするためには、24 時間のうち、相当の時間を割かねばならない。また、他者の生命維持活動であるため、突発的な事態に即応せねばな

らないこともある。雇用主が当日になって残業を命じても、応諾できるとは限らない。この経済的に家族を支える有償労働者と、労働者（と家族）のケアを担当する無償労働者の組み合わせが、近代家族のジェンダー役割と符合するのは明らかだろう。家族もまた、社会の一部であり、社会システム全体のジェンダー規範に従う。私的領域内の「役割分担」のあり方は、家族の外部の市場での諸条件に大きく左右されるが、それらは、政策によって導かれる部分も大きい。ジェンダーと公私の領域は、相互に影響を与える。もちろん、女性の経済活動参画は進んできてはいるが、女性の労働力率の過半数は非正規雇用である。妻はケア労働と賃労働の2つを担っているのに対し、夫のケア労働時間は微増という状態は、新性別役割分業と呼ばれる。男性が夫や父や子としてケア労働を担うためには、労働者モデルの、ケアする人への転換が必要である。

　私的領域については、家族（親密な関係）の中に権力関係があること、その関係は、暴力（身体的、精神的、経済的、性的なものがある）によって維持されることが、ラディカルフェミニズムによって指摘された。女性に対する、女性であることを理由とする暴力、すなわち、ジェンダーに基づく暴力は、支配従属関係を創出し、維持する目的と機能をもつと、国際人権法は定義する。（女性に対する暴力撤廃宣言 1992）ただし、同性間でも、その間には権力関係は存在しうるし、下位にある側が攻撃され（「女性化」され）る。

　とくに、親密な関係における暴力は、夫の妻に対する「躾の権利」として容認されてきたし、「法は家庭に入らず」として、警察等も介入しなかった。夫から妻への暴力は、通常の意味での暴力とされてこなかったのである。「女性の権利は人権である」（女性に対

する暴力撤廃宣言 1992、第 4 回世界女性会議北京宣言 1995）という表現は、それを暴力（個人に対する人権侵害）として認識することを求めた。

　性暴力は、関係性の中で発生することが多く、被害者は、逃げられないし告発することも難しい。それを明らかにしてきたのが、セクシュアルハラスメントの「発見」である。職場における性差別行為の一つであるが、その認定に重要なのは、被害者の視点である。加害者の意図にかかわらず、被害者が当該言動をどう感じたかが基準となる。権力関係における弱者は、強者に対して明確に拒否や反撃は行えないこと、被害を誰かに相談したり告発したりすることが困難であることが明らかにされた。この視点の転換は、その後の性暴力の理解と法的対応を変えてきている。（主に、包括的性暴力禁止法、同意の有無を中核とするレイプ法等の立法が国際的な基準である。）

　以上のように、ジェンダーは法のあり方を変え、現実を変えてきたといえる。では、わたしたちの日常において作用する社会規範としてのジェンダーは、どうすれば変えられるだろうか。規範に従ってなされる行動が事実をつくり、観察された事実を受容して同じように行動することにより、規範は維持（再生産）される。

　一つには、法規範を変えることで行動を変え、社会規範を変えることができるかもしれない。日常生活で規範を変えるには、事実に対する従来とは別の視点からの問題提起によって意識化すること、別様の行動をとることで事実を——少しずつでも——変えることが可能だろう。理不尽な規範（法律も含む）は変えてよいし、わたしたちの行動で変えることは可能である。75 頁でみたように、わたしたちは世の中のみかたを変えてきたのだから。

〈参考文献〉
落合恵美子『近代家族とフェミニズム』（勁草書房、1997 年）
加藤秀一『はじめてのジェンダー論』（有斐閣、2017 年）
クロード・スティール、藤原朝子訳『ステレオタイプの科学——「社会の刷り込み」は成果にどう影響し、わたしたちは何ができるのか』（英治出版株式会社、2020 年）
中山竜一『ヒューマニティーズ　法学』（岩波書店、2009 年）
三成美保・笹沼朋子・立石直子・谷田川知恵『ジェンダー法学入門（第 3 版）』（法律文化社、2019 年）
吉岡睦子・村陽子編著『実務ジェンダー法講義』（民事法研究会、2007 年）
映画「ビリーブ　未来への大逆転」（On the Basis of Sex 2018 年、ミミ・レダー監督、日本公開は 2019 年）
Judicial Commission of NSW, "Equality before the Law Bench book", at www.judcom.nsw.gov.au/publications/benchbks/equality

◆ 第 2 部 紛争過程と当事者

● 第6章 ●
紛争処理システム

1　紛争処理システムの類型

(1)　様々な紛争処理手段

　我々は、社会生活の様々な場面で、価値や利害の衝突に直面することがある。相互の主張が相いれない場合、それは、紛争として顕在化してくる。もちろん、政治信条の対立や、宗教的価値の対立のように直接には法の対象とならないものもあるが、小さな対立であっても、法的な意義を有するものも多い。そして、これら紛争を処理する仕組みも多元的に存在している。

　まず、社会学的にもっとも広範に普及している紛争処理手段は、実は、放置（泣き寝入り）だとされている。もちろん、救済されるべき被害が放置されるなら社会的に問題となってくるが、逆に、すべての広範囲の小さな問題が、激しい対立となり、すべて裁判や第三者紛争処理機関に持ち込まれるとすると、社会的コストは計り知れず、社会の安定性も失われてしまう。たとえば、購入した商品にわずかに問題があり、交換を要望したところ拒絶され、納得できないと感じたとしよう。この場合、裁判に持ち込もうと考える人はい

ないだろう。むしろ、言い争うことも回避し、「仕方ない、まぁ、いいや」と問題を放置してしまうことも多いと思われる。内心では、問題を感じ、不当だと認識しても、争うことにエネルギーや時間を費やすより、放置してしまう方が、自身にとっても合理的な処理となる場合も多いのである。

しかし、問題が利益的に、また価値的に大きな場合には、争うことが必要な場合も出てくる。この時、通常、我々は相手方との交渉によって問題解決することを試みるだろう。この相対交渉が、第 1 の紛争処理手段となる。それでも解決しなければ、様々な紛争解決手段が準備されている。行政や民間が用意する裁判外紛争処理手続、裁判所の調停なども多数用意されているし、最終的には裁判もある。以下では、これらの多様な紛争処理手段について検討していくことにしよう。

(2) 交　渉

交渉については、一つの重要な領域として米国のロー・スクールなどでは、広く授業が行われている。中でも、これをリードしてきたのが、ハーバード・ロー・スクールの PON (Program on Negotiation) である。1980 年代初頭に発刊された書物「Getting to Yes（邦題はハーバード流交渉術）はベストセラーとなり、ハーバードが提供する研修には、今も世界各国からビジネスマンや弁護士が参加している。

この本は、交渉過程についてのいくつかの重要なポイントを提示している。

第 1 に、交渉については、一方が利益を得た分だけ相手が利益

を失うという、いわゆるゼロサムゲーム状況を前提に、勝ち負けが発生する過程であると捉えるのが、一般的なイメージであろう。これに対し、ハーバードのモデルは、交渉を、当事者間の対立であるとはとらえず、両者の間に問題が横たわっている状況とみる。そのうえで、問題に対し、両当事者が協働して互いにとって有益な解決、ウィンウィン解決を目指す過程であると交渉を定義する。

　第2に、紛争状況では、ＡとＢが対立し、互いを人格的にも攻撃することはよく見られる現象だが、ハーバードモデルでは、人に焦点を合わせるのでなく、そこにある問題に焦点を合わせるべきだとしている。「契約を守らないのは、あいつが不誠実だからだ」と個人に責任を帰属させるのでなく、「契約が守られない。この状況を改善する方法はないか」と問題をとらえなおすことが必要というのである。確かに、紛争当事者の本来の目的は契約の遵守であって、相手を誠実な人間に変えることではない。

　第3に、今の例からわかるように、紛争状況では、人は感情的にもなり、問題を相手方の人格のせいにしてしまうことが多い。こうして、感情的な不満や目先の争点にこだわってしまうことがある。その視点で行う主張の根拠をポジションというが、怒りや短絡的視点で、本来求めていたはずの利益とは齟齬が生じていることが多い。これに対し、表層の論点や相手への感情にとらわれず、自身にとって真に有益なものは何か、本来、満たされるべきものは何かがインタレストと呼ばれる。ハーバードのモデルでは、ポジションにこだわらず、インタレストに基づき、相手とのウィンウィン解決を目指せというのである。

　こうした視点は、交渉において、またのちに見る調停においても

有益な視角というべきであろう。ただ、このハーバードモデルで示された概念や考え方は、既に 20 世紀初頭に、経営学者のメアリー・フォレットが指摘しており、近年、その再評価がなされている。

　問題は、当事者双方が、そうした視点を持てればうまくいくかもしれないが、現実には、なかなかそうはいかないことが多い点である。欧米では、次に見る対話促進調停によって、第三者がそうした視点の転換や対話の促進・支援を行う仕組みがあるが、わが国には、そうした手続はほとんどない。その結果、相対交渉では解決せず、結果的に放置・泣き寝入りとなっている問題も多いと思われる。こうした、課題を見極めシステムとしての対応を考えていくのも法社会学の課題となる。

(3) 調　停

　さて、次に調停という概念で把握される手続がある。しかし、これには注意が必要で、欧米を中心に交渉の支援として整備され、広く普及しているものと、日本で伝統的に調停という語で認識されたものの両方が含まれる。前者については、そもそも調停という訳語を当てはめるのが問題であるが、ここでは、対話促進調停（メディエーション）としておく。順次見ていこう。

(i) 対話促進型調停（メディエーション）

　これは、これまでわが国にはなかったモデルであり、誤解されていることが多い。基本的には、当事者が対面し、当事者自身が対話を行う。この手続では、第三者であるメディエーターが関与し、当事者の視点の転換や、対話による合意の生成を支援する。重要なことは、当事者の視点の転換といっても、メディエーターがそれを指

示するような干渉的介入でなく、あくまでも当事者が自身で気づき、合意へと向かう（あるいは向かわなくてもよい）のを支えるのみという点である。そのため、メディエーターには、次のような倫理規定がある

　第1に、メディエーターは、助言や評価の開示は一切行ってはならない。当事者が自ら過程を創っていくのであり、メディエーターは意見を述べて介入することは控えなければならない。これは原則的には、メディエーターが弁護士であっても同様である、当事者双方の同意がない限り、弁護士でも法的助言を行うことはできない。

　第2に、解決案を提示したり作成したりすることは許されない。あくまでも、合意案を作成するのは当事者でなければならない。

　以上からわかるように、対話促進型調停は、当事者が自律的に問題解決するのを支援するシステムであり、メディエーターが問題を解決するわけではない。この当事者重視は徹底している。それゆえ、メディエーターは、法律家である必要はまったくなく、対話促進や紛争構造の分析など、一定のトレーニングを受けたものは、だれでも、しかも、対価を得てメディエーター業務に従事することができる。

　また、それは基本的に法律業務ではなく、むしろ、紛争状況で苦悩する当事者たちに支援を行うカウンセラー的な業務という方が妥当である。欧米では、これが調停手続のデフォルトの形であり、小中学校で子供たち教育されたり、職場内での対人調整にも活用されたり、広く社会内に普及している。わが国では、残念ながら、ごく一部の民間 ADR や、医療機関内でトラブル発生時に応用的に適用

されているほか、ほとんど見当たらない。

(ii) 評価型調停

　我が国の伝統的な調停モデルであり、裁判所の調停、各種行政機関の調停、民間調停機関など、ほとんどがこれを採用している。

　メディエーションとは異なり、一部例外を除き、多くの手続では、当事者同士はほとんど対面せず、調停者と当事者A、次に調停者と当事者Bというように別席形式で進められていく。また、調停者は、進んで助言したり、時には指導したりすることも許され、あるいは期待されている。解決案も調停者が作り当事者に提示していく。メディエーションとは異なり、当事者の自律というより、第三者の積極的関与により解決を実現していく形である。また、わが国の特徴として、対象となる問題が法的問題を含むものであることが多く、調停者も弁護士が関与する場合が多い。

　この別席調停の方法では、相手方の前では話せないことも話せることが利点として挙げられるが、欧米の発想では、相手方のいないところで発言されることは信用できないと否定的に評価されることになる。また、相手方の反論機会のないまま、その情報に従って事案のイメージを作り、それをもとに解決案を提示していくことには問題があるとされる。当事者は、いい解決案を引き出すために、調停者との別席対話で、情報を誇張したり取捨選択したりして伝えるリスクもある。

　欧米のメディエーションが徹底して当事者の自律的解決を重視するのに対し、日本では調停者の関与・干渉の度合いが非常に強いということができる。アジアにおける伝統的な紛争処理モデルは、権威ある第三者が、争う両当事者を諭しつつ話を聴き解決するという

ものであり、現在も、その伝統が、社会的権威から法に形を変えて
生きているといえるかもしれない。

(4) 仲　裁

　仲裁は、ちょうど調停と裁判の中間にあるともいえる紛争処理手
段である。調停では、「調停に応じるかどうかの入口」と、「解決案
を受諾するかどうかの出口」の両方で、両当事者の合意が必要であ
る。他方、裁判には、応訴義務があり、訴えられれば、応じなけれ
ば敗訴となる。また、判決が命じられれば逆らうことはできない。
入口でも、出口でも、合意は必要なく、権力的に手続が進められ
る。これに対して、仲裁は、入口での合意は必須であるが、出口で
は判決のように、仲裁人による仲裁判断というのが下され、強制力
を持っている。すなわち、入口の時点で、「仲裁人の仲裁判断には
従う」との出口合意も併せてしておくという手続である。

　入口の合意については、問題ごとに合意する事案もあれば、あら
かじめ契約の中に「紛争発生時には〇〇仲裁所にて仲裁により解決
する」などの文言が入り、あらかじめ定められている場合も多い。
労働契約など、当事者間の力量に差異があり意に反して契約に合意
せざるを得ない場合など、問題が発生した際には裁判を受ける権利
が制限されてしまうのではないかといった批判もある。仲裁判断
は、法的にも判決と同等の強制力があり、しかも判決と違って、控
訴することができないため、場合によって、大きな不利が生じるこ
ともありうる。

　しかし、仲裁人は、特に法律家に限定されないので、問題となる
事案によって、裁判官よりその事情に詳しい専門家に仲裁人になっ

てもらうことで、より的確な仲裁判断が下され得ることなどのメリットもある。また、裁判より迅速であり、時間が重要な事案にも適している。このほか、先の調停手続で合意が成立しなかった場合に、仲裁手続に移行する場合も多い。

　日本では、仲裁はあまり多く活用されているとは言えないが、国際紛争など、海外の仲裁機関が活用される場合もある。

(5) 裁　判

　裁判もいうまでもなく紛争処理ステムのひとつであるが、紛争解決手段としては、強力な面と脆弱な面が同居している。法という規範に基づき、両当事者の主張立証を経て判決に至る、という一般のイメージは間違いではないが、限界もある。

　第1に、入口の場面で、法的権利義務の問題として定義したうえで訴え提起していくことになる。たとえば、医療事故に直面した遺族の願いは、金銭賠償を得ることではなく、医療機関側のミスの認定、そのうえで誠意ある対応・謝罪、二度とこうしたことが起こらないように対策を講じることなどである。しかし、裁判に訴える際には、損害賠償請求事件として、金銭賠償が目的として定義されてしまう。遺族にとっては、肉親の死を損害額に変換すること自体が、強い苦痛であるし、周囲からは肉親の死を金に換えるのかといった視線が向けられることさえある。これは遺族が望んだからではなく、法がそのように枠づけているのである。裁判は、遺族の多様な錯綜した想いを、やむを得ぬとはいえ、法の枠組によって矮小化してしまう。

　両当事者による主張・立証も、必ずしもイメージ通りではない。

当事者は一切法廷には出ず、代理人の弁護士同士が、既に提出した書面の確認を口頭で行うのみで、5分もたたないうちに終了するような口頭弁論期日も、よく見られる。また、事実が立証により明らかになるかという点も問題である。医療事故では、原告側、被告側、裁判所側の依頼した鑑定が、それぞれ異なった判断を示すことが多い。テレビドラマのように決定的な証拠が明らかになるようなことは、ほぼあり得ないし、そもそも明確な立証ができる事件では、多くは、訴えることもなく解決することが多いだろう。

さらに、出口でも、下された判決が、すべてその通りに履行されるとは限らない。たとえ強制執行できるとしても、執行しても財産がほとんどない場合など、判決は空手形に過ぎない。また、実際には、判決をテコにして、再度、両当事者が交渉し柔軟な解決を行っていることも多い。

個別紛争の処理手続としては、こうした限界はあるものの、裁判は、それを超えて、社会に対し紛争解決の指針となる判断を提示していく機能を果たしている。調停者、仲裁人には、守秘義務があり、その手続過程も非公開であるが、裁判は、曲がりなりにも公開され、判決も重要なものは雑誌やウェブページに掲載される。個々の事案解決を超えて、社会の統制作用を果たすことも裁判の使命であり、メリットとデメリットは、いわば、裏腹の関係にある。

2　紛争処理システムの理念モデル　●　●　●

(1)　紛争処理手段の位置づけ

ここまでの各種紛争処理手段の概説を踏まえて、整理を試みてみよう。これら紛争処理理手段は、二つの要素によって、うまく整理

し理解することができる。二つの要素とは、「解決の正当性根拠」と「第三者の関与権限」である。

　まず、「解決の正当性根拠」であるが、一方の極には法規範による根拠づけ、他方の極には、合意したこと自体による正当化根拠が位置付けられる。たとえば、裁判は、法という規範のみを根拠として解決がなされる。仲裁においては、問題に応じた専門的知識に基づく解決がなされるが、法は重要な規範根拠として、なお、大きな意義を有し、合意は入り口での合意のみが条件となっている。次に、わが国で盛んな評価型調停においては、多くの場合、法的根拠は、やはり重要な規範として参照されるが、同時に最終的には当事者による合意が解決の正当性を基礎づけている。対話促進型調停になると、法的規範の影響は全くではないが、かなり薄まり、合意自体が重要な解決の根拠となる。交渉においても、法が一定の役割を果たすことは否定できないが、やはり、その解決を正当化するのは、両者間の合意となる。法規範の影響は、実際には、どの紛争処理手段においても、インフォーマルには確認できると思われるが、解決の正当化根拠としての意義に限れば、上記のように理解することができよう。

　「第三者の関与権限」についてはより容易に理解することができる。裁判官は、訴訟への応訴を義務付け、強制的に執行できる判決を下す強力な権限を持つ。仲裁人は、入り口での合意さえできれば、裁判官と似た形で手続を進行し、強制力を持つ仲裁判断を下すことができる。評価型調停の調停者は、最終的には解決の成立を当事者間の合意にゆだねているが、その過程で、助言をしたり、合意案を提起したり、一定の強力な介入を行う。これに対し、対話促進

調停では、調停者は、評価・判
断を示したり解決案を提示した
りは一切せず、当事者間の対話
の促進・支援に徹する形で謙抑
的なかかわりにとどめることに
なる。交渉過程では、そもそも
現実的な第三者が存在しない。

図1

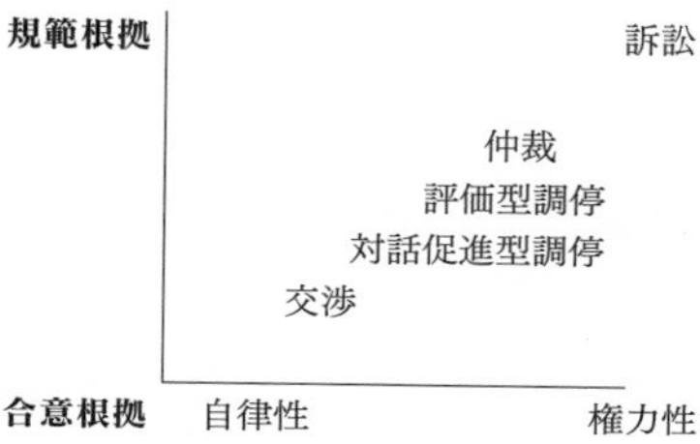

規範根拠   訴訟

　　　　　　　　　　仲裁
　　　　　　　　評価型調停
　　　　　　　対話促進型調停
　　　　　　交渉

合意根拠　自律性　　　　　　権力性

機能的作用としては、周囲の関係者や法規範も含め、第三者的な影
響力を持つことはあるが、基本的には当事者のみで合意形成がなさ
れていく。

　以上の説明を図にまとめると次のように、二つの要素事務のマト
リックスに、きれいな形で並ぶことになる。

　以上のうち、裁判と交渉を除く紛争解決手段は、裁判外紛争処理
（ADR）と呼ばれ、これについては、第9章で詳しく説明する。

(2) ブラネタリー・モデル

　さらにこれら紛争処理手段の機能的作用関係を構造化したモデル
がある。このモデルでは、裁判が、法という規範に基づき、個別紛
争解決とともに、それを通して、社会に向けて、「このようなケー
スでは、このように評価判断される」という一般的基準を示す機能
を果たしていると考える。あたかも太陽が、惑星に向けてネルや光
を供給するように、一般的基準を示していくのである。その基準
は、仲裁、調停などのADRに影響を及ぼし、さらには、人々の日
常的交渉にも反映していくことになる。他方、社会の様々な新たな
動きや変化を反映した解決の基準は、交渉やADRの解決動向を通

じて普及していき、最終的には裁判においても採用されるに至ると
される。

　このように、裁判を中心的紛争解決手段として措定し、あたかも
惑星系のようなイメージで、規範の相互作用をとらえているため、
プラネタリー・モデルと呼ばれる。このモデルは、ある程度の妥当
性を有しているが、実際の過程はより複雑な相互作用がそこに存在
しており、より繊細な補充が必要である。また、このモデルに対し
て、各種紛争処理手段は、序列的構造をなしているのではなく、実
際の社会的機能においては、それぞれの紛争処理手段が、並列に存
在する「八ヶ岳モデル」の方が、現実的であるとする考え方も示さ
れている。

3　当事者の目から見た紛争処理システム

(1) 紛争処理システムを見る視角

　さて、ここまでの紛争処理システムの理解は、少し距離を置いた
視点から、社会に存在する紛争処理手段を描写し、構造化して理解
する視点に他ならない。法社会学にとっては、これら各手段の実際
の作動過程や、相互影響関係を、経験的に明らかにしていくことが
課題となる。各手段の整理や構造の理解は、そのための足掛かりと
なる出発点に過ぎない。まず、法社会学的視点から検討していく際
の、重要な論点のいくつかを見ておこう。

　第 1 に、紛争処理手段が成功しているか否かをどのように評価
すべきか、という点である。例えば、多くの事案を受けつけ、高い
確率で解決が産出されているかで、評価できるかもしれない。実際
に紛争が解決された頻度が重要な基準となる。ただし、この解決と

は何かが問題となるが、この点はのちに考える。

　第2に、裁判はもちろん、ADRにおいても、法やその他社会規範に照らして、適正な手続、適正な結果を提供できているかどうかも手掛かりになるかもしれない。たとえば、解決結果が、適正であるかどうかは、一定の評価基準を設定したうえで、解決例を分析してみれば評価できるだろう。ただし、ここでもこの評価基準自体をめぐって議論が生じる可能性がある。

　第3に、その解決手段を利用した利用者が、その処理に満足しているかを調査し、利用者満足度の観点から評価していくことも可能と思われる。満足度も、必ずしも結果がよかったら満足するというものでもなく、結果以外に、プロセスの中でどのように扱われたか、見解を表明できたか、きちんと聞いてくれたかなどの手続的正義の要素も確認していく必要がある。

　第4に、それら紛争処理機関が、だれによってどのように運営されているか、そこに問題がないかなどを検討していくことも必要であろう。そこに投入されたコストと社会的に果たしている機能のバランスなどの組織要因も研究の課題となる。

　このように、法社会学的には、紛争処理手段それぞれの適正さや機能について、経験的かつ批判的に明らかにすることで、それぞれの実際の姿、作用、相互関係などを、精細に検証していくことが重要な課題となるのである。

(2) 当事者の視点から見た紛争過程

　さて、法社会学の様々なアプローチの中でも臨床的なアプローチから見ればどうなるだろうか。臨床的アプローチでは、機関設置者

の視点や距離を置いた鳥瞰的視点からではなく、実際にそれを利用する当事者の具体的な視点から紛争処理手段の機能や意義を見極めていくことが必要になる。その際、重要なのは、次のような点である。

　第 1 に、紛争処理機関にとっては、事件を受け付けて解決処理するまでで「処理」は終了するが、当事者は、紛争処理機関の利用以前から継続した紛争の過程のただなかにあり、そこでの過程や結果を踏まえて、さらに継続する社会生活の中にそれを適応させていく必要があるという点である。たとえば、訴訟手続を経て、判決が下されたとしよう。裁判所にとっては「終了」であるが、当事者にとっては、必ずしもそうではない。200 万支払えとの判決が出ても、被告側が支払えない場合もある。支払う意思があっても、すぐには無理ということもある。また、判決に従う意図すらない場合さえある。強制執行という手続が可能としても、実際には執行しても、ほとんど回収できない場合も多いし、そのためにまた費用負担も必要になる。実は、判決後に、様々な事情から、そのまま履行されず、当事者間で再度交渉がなされるなどの場合もよくみられる現象である。裁判でなく、ADR で合意によって解決される場合は、幾分、履行率は高いかもしれないが、それでも同様の問題は生じうる。

　第 2 に、当事者にとって、紛争の解決とは何かという点である。たとえば、医療事故の被害者家族を例にとろう。肉親が死亡し訴えを提起し、勝訴判決を得たとしよう。被害者家族にとって、それで「終わり」となるだろうか。損害賠償請求事件としては処理が終わっているが、家族の生活にとって、それは抱えた紛争のごく一部

分にすぎない。感情的な憤り、二度と起こらないような対策の整備、誠実な謝罪、そうしたニーズは、裁判ではほとんど満たされることはない。過失の認定と金銭賠償問題が骨組みとなる裁判では、扱えない問題を当事者は多く抱えている。ADRでは、裁判と異なり、多くの問題を包摂したより多元的な解決を目指しうるが、反対に、裁判と違って向き合ってもらいたい当事者の医師に手続に出てきてもらうことは至難の業となる。いずれにせよ、紛争処理機関を利用した当事者にとって、機関が与えてくれる「解決」は、当事者が望む多元的で複雑な解決の一部の側面しか満たしてくれないのである。これは、医療事故のような事案に限らず、消費者紛争でも、契約問題でも家事事件でも、多かれ少なかれ、妥当する。

　これらのことが示すのは、紛争を本当に解決できるのは当事者だけであるという点である。よく、「当事者間で解決できないから第三者機関へ来たのであって、それゆえ第三者機関が解決してあげるのだ」といった説明がなされることがある。これは誤りである。当事者間で解決できないものを、第三者機関が解決できるはずはない。できるのは、紛争の一部について、その機関が処理できる範囲内での解決を提供することだけである。機関での解決結果は、いずれにせよ部分的なものにとどまることを念頭に置きつつ、そこで提供される「解決」や「手続過程」の質についても、十分視野に収めた検証をしていくことが、臨床的アプローチの視点からは必要であろう。紛争処理機関の提供する解決結果は部分的ではあっても、主張、対話の過程や結果が、当事者の社会生活における自主的な紛争解決を支援する機能を果たしうる場合も想定できる。紛争処理機関の機能の評価は、それゆえ、単純な解決結果の内容や数ではなく、

当事者にとってどのような意義ある影響を社会生活の中に与えているのかという、当事者にとっての実質的な有効性の観点から評価されなければならないと思われる。

　法社会学的に、紛争処理機関の機能を解析していくとき、前項で示した評価基準についても、さらに当事者の視点に立って、真の意味で経験的に検証していくことが必要なのである。

〈参考文献〉
井上治典『民事手続論』（有斐閣、1993 年）
小島武司『調停と法──代替的紛争解決（ADR）の可能性』（中央大学
　　出版局、1989 年）
和田仁孝『民事紛争処理論』（信山社、1994 年）

● 第 7 章 ●
司法へのアクセス

1　司法アクセスとは？　● ● ●

(1) 司法アクセスという考え方

　現代の日本社会において、「司法を利用する機会」は限られた人のものではない。その根拠としては憲法第 32 条が挙げられ、「何人も、裁判所において裁判を受ける権利を奪はれない。」とある。これは単に「裁判を拒否されない権利」に留まるのではなく、より広く「国民が司法を利用できるように必要な措置をとる責務」が国にあることを表していると解される。換言すれば、裁判所を利用する権利を理念的に保障するということを超えて、それが実際に市民にとって利用可能なものでなければ意味をなさないということになるだろう。さらに、裁判所へのアクセスを保障したとしても、裁判についての何の知識や情報を持たない市民が裁判を効果的に利用することは多くの場合に期待できない。裁判所へのアクセスの前提として、弁護士への相談、弁護士の利用が必要になる。裁判所へのアクセスを実効的なものにするため、法専門職へのアクセス拡大を中心に、日本のみならず諸外国で、それぞれの文脈に応じて様々な政

策が採られてきた。この意味で、司法アクセスの「司法」とは、単に裁判手続を意味するのではなく、裁判外の紛争処理手続（ADR）そして弁護士・司法書士といった法専門職などを含む法システム全体を指していると言える。

　本章では、司法制度の利用を全ての人々にとって等しくアクセスが容易なものにする「司法アクセス」について、特に法専門職による法的サービスへのアクセスを中心に据えてみていく。司法へのアクセスを阻む要因は何なのか、そしてそれらの障壁に対してどのような手当てがなされてきているかについて、近年見られる司法アクセスの新しい動きにも言及しつつ整理・検討していきたい。

(2) 司法アクセスを阻むもの

　それでは、何を要因として、司法へのアクセスが困難な人々が存在しているのだろうか。司法アクセスを阻むもの、その「障壁」として、「経済的障壁」、「地理的障壁」、「情報面での障壁」が挙げられる。

　まず「経済的障壁」を確認していこう。経済的障壁とは、司法にアクセスしようとしても、貧困ないし資力が不十分であることを理由にそれがかなわないことである。

　裁判手続を利用する例で考えてみたい。「裁判はお金がかかる」という言葉を聞いたことがあるかもしれない。事実、我が国の法制度では、訴訟の利用は無料ではなく一定の手数料（訴訟費用）を支払う必要がある。ただ、この訴訟費用の負担が原因で裁判手続の利用が困難になるかというと、この訴訟費用自体は裁判にかかる費用の中でどちらかというと大きな負担にはならない。むしろ、裁判利

用にかかる費用としては、訴訟に際して弁護士を利用（相談料や報酬など）する際の費用（弁護士費用）が訴訟費用に比べて高額になる。訴訟費用だけでなく、弁護士費用が法的サービス利用の壁となっており、「裁判はお金がかかる」のである。

　ところで、人々が抱える法的問題の中には必ずしも裁判による解決を必要としないものも多く、裁判手続を経ることなく処理できうる問題も少なく無い。このような問題であっても、弁護士をはじめとする法専門職への相談や利用が多くの場合に必要になる。

　いずれにしろ、裁判利用の有無を問わず、法的問題を法専門職の支援なしに単独で解決することは困難であり、法専門職へのアクセスが必要となる。貧困状態にあるもの、十分な資力がないものにとって、これらの法的サービスへのアクセスは容易ではないのである。

　次に「地理的障壁」について見ていきたい。地理的障壁とは紛争に直面した当事者が法的サービスを利用したいと思っても、その地域に法専門職者がいない、もしくは少ないため法的サービスを受けられないということを指す。我が国に限ったことではないが、一般的に都市部に様々な社会資源、サービスが集中する傾向がある。これは法的サービスについても同様であり、多くの法専門職が都市部に集中し、その他の地域に住む人々が法的サービスを享受し難いという問題が生じる。このように法専門職がゼロ、もしくはわずかにしかいない地域のことは「司法過疎」と呼ばれている。特に都市部から遠く離れた山間部、離島などになると司法過疎の傾向は顕著になる。資金が潤沢にあるからといって、法的サービスへと簡単にアクセスできるということにはならない。

　「情報面での障壁」も法的サービスへのアクセスを妨げる大きな要因になっている。たとえば、紛争に直面した当事者が、都市部に在住しており、資力の面においても大きな問題を抱えていなかったとしても、「どこに相談するべきか」、「どのように行動するべきか」、などについて十分な情報・知識を有していない場合、結果として法的サービスの利用につながりにくい状況などが挙げられる。もっとも、現在のような情報技術が発達した社会であれば、インターネットでの検索などを通して、紛争解決のための情報を獲得できるかもしれない。ただし、インターネット上の情報は全てが正しいというわけではなく、正確な情報と間違った情報とが入り乱れていると言える。紛争に直面している当事者は時に混乱していたり、緊張状態にあったりする。このような当事者が正確な情報を適切に見極めるのは難しいと言わざるを得ない。

　以上が、法的サービスへのアクセスに立ちはだかる代表的な障壁（バリアー）である。ただし、資力に問題がなく、法的サービスの集まる都市部周辺に在住しており、さらに一定程度の法システムについての知識を有しているものなら容易に法的サービスにアクセスできるというわけではない。自らが法律問題を抱えていると信じたくないものもいるであろうし、ましてや裁判所や法律事務所は日常的に足を運ぶ場所ではなく、訪れることを躊躇するものがいることも考えられる。いずれにせよ、現代の我が国の社会において、法的サービスへのアクセスは決して容易ではないといえる。

2　総合法律支援法の成立　● ● ●

(1) 日弁連の司法アクセス改善活動

　それでは、司法アクセスの障壁を解消するため、具体的にどのような施策がとられてきたのだろうか。我が国においては、日弁連（日本弁護士連合会）が代表的な担い手として司法アクセスの改善を目指して活動してきた歴史がある。「経済的障壁」については、日弁連が中心となり設立した「法律扶助協会」が、2006年まで資力を十分に有しないものに弁護士費用の立替えといった支援を行ってきた。また、弁護士会の資金で司法過疎地域に「ひまわり基金公設事務所」の設立や、弁護士が少ない地域で開業しようとする弁護士への支援（偏在対応弁護士等経済的支援）を通した「地理的障壁」の除去を、そして自治体などで行われる無料法律相談などを通して「情報面の障壁」の解消を試みてきた。これらの日弁連の取り組みは多くの成果をあげてきたが、それでも司法アクセスを阻む障壁は容易に解消できるものではなかった。

(2) 総合法律支援法の成立と法テラス

　ところで、こうした司法アクセス問題への関心は、日弁連などの法専門職の間のみの関心に留まるものではなかった。司法アクセスは、その保障の責務を有するとされる国家の関心事でもあり続け、特に、19990年代後半より始まった「司法制度改革」といった大きな改革の流れにおいても司法アクセスの拡充は中心的目標であった。具体的には、司法制度改革を検討する審議委員会において、「民事法律扶助の拡充」や「司法の利用相談窓口（アクセスポイント）

の充実」などが議論され、これを受け 2004 年「総合法律支援法」
が成立した。この総合法律支援法はその基本理念として「民事、刑
事を問わず、あまねく全国において、法による紛争の解決に必要な
情報やサービスの提供が受けられる社会を実現することを目指して
行われるものとする」とあり、まさに司法アクセスの拡充を目的と
した法律であると言える。そして、この政策を実行する機関として
「法テラス（日本司法支援センター）」が法務省の所管の法人として
2006 年に設置された。

　それでは、この法テラスは司法アクセスを阻む諸問題に対して、
具体的にどのように取り組んでいるのだろうか。第一に法律扶助協
会の業務を引き継いだ「民事法律扶助業務」では、法的問題に直面
している資力が不十分なものに対する無料法律相談の提供や、弁護
士等による代理・書類作成にかかる費用の立替えをおこなってい
る。「情報提供業務」では、法テラス事務所の窓口、電話やメール
で、法的トラブルの解決に役立つ情報の提供や、相談先として法テ
ラスと提携する法専門職の紹介業務をおこなっている。これらの業
務は、まさに司法アクセスを阻む「経済的障壁」、「情報面の障壁」
への手当てであると言える。さらに、「地理的障壁」への対策、つ
まり司法過疎対策として、法テラスは「司法過疎地域事務所」を設
立している（全国 35 ヶ所、2019 年）。司法過疎地域事務所では、地
理的理由から法的サービスの利用が困難なものへ有償での法律相談
や事件の受任（一般民事）をおこない、司法過疎地域に住む資力が
不十分なものに対しては無償での民事法律扶助業務もおこなってい
る。この他にも法テラスの主要な業務として、国選弁護等関連業務
や犯罪被害者支援などがあり、司法アクセスの障壁を除去するため

の様々な制度の下で取り組んでいる。

　法テラスが提供するこれらの援助は、法テラスの職員と弁護士によって取り組まれている。法テラスと活動する弁護士にはおおまかに二種類のタイプがある。一つはジュディケア弁護士である。ジュディケア弁護士とは、法テラスと契約している地域で開業する一般の弁護士であり、法テラスに寄せられた相談の中から一件、一件業務を引き受け援助する。

　もう一つは「スタッフ弁護士（常勤弁護士）」である。スタッフ弁護士とは、法テラスに所属し常勤で活動する弁護士であり、契約弁護士とは活動環境の面で大きく異なる。スタッフ弁護士は、先に述べた業務に専業で取り組む「総合法律支援」のいわゆる実行部隊である。

　近年、この特徴的な活動背景を有するスタッフ弁護士から、新しい弁護士活動が報告されている。このスタッフ弁護士による先進的な取り組みを「司法ソーシャルワーク」という。

3　司法ソーシャルワーク　● ● ●

(1) 司法ソーシャルワークとは

　それでは、そのスタッフ弁護士による新しい弁護士活動方法、司法ソーシャルワークとはどのようなものだろうか。司法ソーシャルワークの特徴としては、「アウトリーチ（outreach）」と「多職種協働」が挙げられる。

　アウトリーチとは、福祉分野で発展した技法で、援助が必要であるにもかかわらず、自分からそれを伝えられない人々に対して、福祉や医療の専門家が直接その人々のもとに出向き、必要と考えられ

る支援に取り組むことを意味する。これを法テラスの文脈で捉え直
すと、スタッフ弁護士が、法的支援が必要であると考えられる人々
のもとに赴き、支援の対象となる人に必要とされる支援を提供して
いく、というものになる。次に、「多職種協働」はその名の通り、
スタッフ弁護士が単体で支援を提供するのではなく、様々な地域の
関係機関と協働して支援にあたることである。この関係機関には、
自治体の職員や社会福祉士、地域包括支援センターの職員などが挙
げられる。スタッフ弁護士がこれら他の異なる専門性を持つ機関と
連携することによって、法的問題だけではなく、複数の専門家の視
点からさまざまな側面から支援の提供ができる。関係機関との情報
交換をきっかけにスタッフ弁護士による法的問題の解決が図られる
ことや、逆にスタッフ弁護士による法律問題の処理によって、その
他の福祉関連の問題に気づき、関係機関がその対応をするといった
ことが考えられる。

　それでは、どのような人々がこの司法ソーシャルワークの支援の
対象となるのだろうか。司法ソーシャルワークの対象となる人々
は、様々な障壁から自発的に法的サービスへのアクセスすることが
難しい人や、法的問題以外にも生活上の問題を多々抱えている人が
挙げられるだろう。具体的には、高齢によって事理弁識能力に問題
を抱えている人々や、様々な障がいを持つ人々、貧困状態にある人
や、外国人などが典型的な対象者の例になる。司法ソーシャルワー
クの典型的な例を挙げると、地域の高齢者（支援対象者）が多重債
務問題に陥っているという情報を得たスタッフ弁護士が、支援対象
者のもとを訪れ（アウトリーチ）債務整理や成年後見制度の利用と
いった法的対処をおこない、連携している福祉関係の機関が支援対

象者を高齢者施設に入所させる（多職種協働）、といったものが挙げられるだろう。

　先に述べたように、法テラスは司法アクセス改善に向け様々な政策をおこなっており、法的サービスへのアクセスポイントを拡大してきた。ただ、それでも法的サービスにどうしても自分からアクセスできない層が一定数存在してきたのである。司法ソーシャルワークはまさにこれまで見過ごされてきたそうした人々の法的ニーズをすくいあげる活動であると言える。

　このように司法ソーシャルワークは、スタッフ弁護士が置かれている常勤、専業という環境下を生かした活動方法である。事務所経営の観点から、決して法律扶助事件や不採算事件ばかりを受けていられない民間の弁護士と異なり、スタッフ弁護士は営業利益に囚われない活動ができ、また、関係機関との連携体制の構築にも活動資源を投資することができるのである。これは司法アクセスに関する制度面の整備にとどまるものではない。つまり、司法アクセスに困難を抱える人々のために制度を整備し、彼らがアクセスしてくることを「待つ」姿勢から、一歩踏み込んだアウトリーチによる「見過ごされがちな法的ニーズの拾いあげ」、そして「多職種連携による包括的支援」といった大きなメリットをみると、司法ソーシャルワークは我が国における司法アクセスの新局面と言っても過言ではないだろう。

(2) 司法ソーシャルワークと「自律性」

　しかしながら、たしかにこの司法ソーシャルワークはこれらの大きなメリットを呈示する魅力的な活動方法である一方で、これを手

放しで評価するのは早計である。

　まず、この活動の前提である司法アクセスの拡充についてもう一度考えてみたい。そもそも、司法アクセスを拡充するという政策は、既存の制度の利用が困難な人々のために国家が特別の手当てをするという性格を持っている。実際に、法テラスが取り組む総合法律支援は、司法へアクセスする際に立ちはだかる様々な障壁を国家が政策として解消していくものであり、これは見方を変えれば、国家による人々の生活領域への積極的な介入に他ならない。

　さらに、司法ソーシャルワークという活動そのものも、福祉国家的な介入という側面からも捉えられる。たとえば、アウトリーチは、支援が必要ではないかと考えられる人々にスタッフ弁護士が積極的にアプローチしていく活動である。スタッフ弁護士は国が運営する組織、法テラスの職員であることから、国家機関が人々の私的領域に入り込んでいくという構図を生み出す。また、司法ソーシャルワークのもう一つの活動の特徴である多職種連携も、本人が複数の関係者からなるネットワークに取り囲まれることを意味し、本人にとって日常生活の多くの場面で関係者との接触、自らの生活への介入を受けることになる。司法ソーシャルワークはその制度的背景、活動の内容の双方ともが福祉国家的介入の性格を強く持っているのである。

　このような福祉国家的な介入と支援対象者との間で、「自律性」が問題になる。司法ソーシャルワークにおける支援対象者とスタッフ弁護士との接触は、自ら望んで採った行動ではなく、スタッフ弁護士によるアウトリーチをきっかけとするものである。司法ソーシャルワークの支援の対象となる人々の中には、先に述べたように

事理弁識能力に問題を抱えている人々もおり、本人がニーズを把握できていない状況も想定される。この場合、スタッフ弁護士や関係機関が本人との関わり合いを経て、後見的に本人のニーズを設定することも考えられるが、この際に慎重にそのニーズの把握につとめなければ、本人の関心と掛け離れた支援の提供という事態にもなりかねだろう。また、多くの専門家から構成されるネットワークの介入による支援が有効に機能するかもしれないが、それと引き換えに本人がその後の生活においてもネットワークに過度に依存してしまう危険性も考えられる。

　そもそも司法ソーシャルワークに限らず、弁護士は依頼者の自律性を尊重するような活動が求められているし（日弁連職務基本規定第 22 条）、依頼者中心主義の弁護士活動方法についての議論も既に多くなされている。「依頼者中心」といういわば当然とも言えることが改めて議論になるということは、裏を返せば、弁護士と依頼者との間で自律性をめぐる問題が生じうると捉えることもできるだろう。ただでさえ、通常の依頼者と弁護士との関係で自律性が問題になるのである。

　とはいえ、なにをもって「自律的」であるかという点については、様々な議論や定義が存在する。さしあたり、依頼者と弁護士との関係性で検討すると、弁護士は依頼者の要求に反した活動ができないということは当然ではあるが、受任を理由に弁護士が法実務を一手におこない、依頼者が何の関与もしないこと、つまり、何が行われているか依頼者には一切わからないといったことも問題になる。終わってみれば、弁護士の支援が依頼者の関心や意思から離れたものになり、不満が残る結果になるかもしれない。この観点から

は、一つの手がかりとして弁護士と依頼者が問題解決のために採る
べき法的戦略について、その中での互いの役割を綿密に話し合うこ
とを通して、依頼者が法実務に何らかの形で参加し、その自律性を
見出すという捉え方もあるだろう。

　一方で、全ての依頼者が法実務に主体的に参加するということは
極端な意見になるかもしれない。依頼者の中には法的問題のみなら
ず、その他数多くの日常生活の悩みを抱えている場合が想定され
る。こうした環境下では、依頼者の生活の中で法的問題は相対化さ
れ、多くの問題のうちの一つになるだろう。この場合、法実務の主
体的参加に依頼者の自律性を見出すのではなく、より広く生活全体
の中で自律性を見出すという方法も考えられる。たとえば、依頼者
は法実務を弁護士に任せ、その他の問題への取り組みに集中するこ
とで生活領域における力を取り戻し、自律性を回復する、という捉
え方をすることが適切な場合もあるだろう。

　いずれにせよ、司法ソーシャルワークはその制度的背景、活動方
法の双方ともが、対象者の自律性を脅かす危険性を内在しており、
活動の中で支援対象者の自律性を何らかの形で確保する必要があ
る。さらには、司法ソーシャルワークの対象となる人々の生活背景
からは、活動の中においてどのように彼らの自律性を見出すかにつ
いて、十分に検討することが重要になる。この福祉国家的介入とい
う側面を持つ司法ソーシャルワークにおいて、支援対象者の自律性
はどう扱われているのであろうか。そして、スタッフ弁護士は支援
対象者の自律性、意思にどのように向き合っているのか。これらの
点について、実際にスタッフ弁護士によって取り組まれた具体的な
ケースを通して、検討していきたい。

1

(3) 司法ソーシャルワークの実践例

(i)【事例】

　Aは認知症を抱える高齢女性である。Aは同じく認知症を抱え、寝たきり状態にある夫B、そして精神障害を抱える二人の娘、C（長女）、D（次女）と四人で同居していた。このように家族は全員何らかの生活上の問題を抱えており、誰も満足に働ける状況になかった。それでは生活はどうしているかというと、A・B夫婦は年金収入を得ていたのだが、どういうわけか金銭的に困窮状態にあった。さらに、一家は炊事・洗濯・掃除・入浴といった日常生活にも支援が必要であった。スタッフ弁護士は知り合いの社会福祉士から、A一家について相談され支援を開始していった。

　まず、スタッフ弁護士は行政機関や福祉関係者らとともにAの自宅を訪問し、Aと支援について話し合った（アウトリーチ）。ところが、この時点でAは「支援を受け入れない」と表明したので、スタッフ弁護士はその意思を尊重し、当面は行政機関が見守りを行う（多職種協働）、という方針になった。

　その数ヶ月後、長女Cが両親の介護の疲れから、Aに対して暴力を振るい、Aが入院することになった。そして、暴力を振るったCも保護入院、夫Bも精神科医療機関に入院することになり、自宅には次女Dのみが残されることになった。この状況を受け、スタッフ弁護士と連携する関係諸機関で構成する支援ネットワークは、生活環境を改善するためにAに成年後見制度を利用することを検討し始めた。ともあれ、Aは治療を終え退院し、Dと二人で住むことになった。計画していたように、スタッフ弁護士はDと話し合い、Dが成年後見開始の審判を申し立て、スタッフ弁護士がA

の後見人に選任されることになった。

　しかしながら、スタッフ弁護士が後見人としてA宅を訪れ、Aにその業務内容を説明したが、Aは通帳を渡そうとせず、スタッフ弁護士は後見人でありながら財産管理ができないという状況になった。支援ネットワークのメンバーからの情報では、AはDの顔色をうかがって機嫌を損ねないように生活していて、それがAの通帳を渡さないという行動に影響しているのでは、ということであった。CだけでなくDもAに対して暴力を振るうことがあるようで、DはAの通帳をスタッフ弁護士に渡すということについても強い拒否感を持っているようであった。

　そこで、スタッフ弁護士はAの財産管理を認めないという意思を尊重しつつ、Aの特別擁護老人ホームの入所、Dを刺激しないように注意しつつ、Aを財産管理について説得するという二つの方針を設定した。その間、支援ネットワークのメンバーから、Aが「家から出たい」という発言があったと聞き取っていたり、Aから財産管理について承諾を得ることを想定して、できる範囲での下準備をおこなったりしている。審判が出てから二ヶ月後、スタッフ弁護士はたびたびAを訪問し、施設に入所するかどうかを尋ねたり、Aから「Dが不機嫌で大変である」という情報を聴き取ったりしている。最終的に、DはAの後見スタッフ弁護士の説得に応じることになり、Aの通帳を渡し財産管理を行えるようになった。ここまで支援の開始からおよそ1年経っている。

(ii)【分析】

　以上、司法ソーシャルワークの実践例をみてきた。ここでこの事例を簡単に整理したい。この事例はまさに司法ソーシャルワークの

特徴が見て取れる。スタッフ弁護士とＡとの接触はアウトリーチがきっかけになっている。そして、福祉関係者などの連携する関係諸機関から情報収集を行うといった多職種協働が行われている。支援の内容の面をみても、成年後見制度の利用だけでなく、Ａの施設入所といったように法的問題だけでなく包括的な支援を試みている。

　まずスタッフ弁護士の活動方法を確認していこう。この事例における大きなポイントは、後見人として財産管理をおこない経済状況を改善するため、Ａが通帳をスタッフ弁護士に渡すかどうかであった。しかし、Ａがいろいろな要因から通帳を渡さないと表明してしまっている。このままではＡの経済状況は改善できないことになるが、これに対して、スタッフ弁護士はいわば強引に財産管理に踏み切ることは決してなかった。スタッフ弁護士はＡの当座の判断を尊重する一方で、時間的にもそして内容面でもＡとの密なコミュニケーションを取り続けた。粘り強いコミュニケーションの結果、Ａの意思、判断が変わったことをスタッフ弁護士が聴き出すことに成功している。

　次に、支援対象者であるＡの特徴をみていきたい。Ａは支援のきっかけとなった金銭的な困窮状態だけでなく自らの認知症や、Ｄによる暴力の恐れといった複数の生活上の問題に悩まされていた。このように自らの生活で手一杯な場合は、スタッフ弁護士と「採るべき法的戦略について話し合い、その中で互いの役割を綿密に話し合う」という形でＡの自律性を見出すというのはいささか無理があるだろう。それでは、もう一つの自律性を見出す手がかりである、スタッフ弁護士が「法的問題の処理を引き受け、本人の生活領

域の安定化を重視する」という方法はどうだろうか。一見こちらが
うまく機能しそうではあるが、Aが後見人であるスタッフ弁護士に
財産管理を任せ生活環境を改善させようとしても、この事例ではそ
の前提で躓いてしまう。スタッフ弁護士は財産管理をしようとして
も、Aからの承諾が得られなかったのである。その後の展開を考え
ると、スタッフ弁護士に財産管理を任せたい気持ちがAにはあっ
たかもしれないが、Dの影響により、それが伝えられない状況に
あったと捉えることができる。それでは、Aはどうしたのか。事例
からわかるように、Aはスタッフ弁護士、支援ネットワークとのや
り取りの中で、慎重にそしてDを刺激しないように注意しながら、
無理のない範囲でスタッフ弁護士が設定した成年後見制度の利用
（財産管理）や、施設入所について応答している。Aは自分のでき
る範囲で活動に参加していると言えるだろう。そして最終的に、A
の生活環境は改善されたのである。

　以上、司法ソーシャルワークにおいて、支援対象者の自律性をど
う捉えるかについてみてきた。司法ソーシャルワークの支援対象者
によっては、スタッフ弁護士が展開する法実務に自ら積極的に自律
的に参加して自分の意向や選好を活動に反映させるものもいるであ
ろうし、逆に法実務に参加する代わりに、自らの生活領域における
力の回復に専念することで自律性を発現するものもいるであろう。
ただし、この事例のAのように、一見、生活領域の安定化から本
人の自律性を見出す方法が適当であるように考えられる場合であっ
ても、そのためには支援対象者が法的問題に何らかの形で関与する
必要が出てくる場合もある。つまり、法的な領域と生活領域は決し
てかけ離れたものではないのである。この事例のように両者が複雑

に入り組んでいるときは、支援対象者ひとりひとりが置かれた個別
の文脈に対応する形で活動を柔軟に変容させていく必要がある。

　司法アクセスの改善は現代社会にとって非常に重要な取り組みで
ある。ただし、司法アクセスという政策が福祉国家的側面を持つも
のであるのならば、当事者の自律性を無視することはできないだろ
う。我が国における司法アクセスの新しい取り組みである司法ソー
シャルワークを材料に、当事者の自律性とそれを活性化させる福祉
国家的介入についてみてきた。

〈参考文献〉
寺井一弘『法テラスの誕生と未来』（日本評論社、2011 年）
司法アクセス学会編集委員会『司法アクセスの理念と現状――法律扶
　　助の法理・弁護士倫理・司法制度改革』（三和書籍、2012 年）
吉田直起「司法ソーシャルワークにおける支援対象者の自律性（1）」
　　阪大法学第 67 巻第 6 号（2018 年）1285-1314 頁
　　同　　「司法ソーシャルワークにおける支援対象者の自律性（2・
　　完）」阪大法学第 68 巻第 1 号（2018 年）193-212 頁
　　同　　「ネットワーク型協働の二つの展開可能性」阪大法学第 69
　　巻第 2 号（2019 年）255-283 頁

● 第8章 ●
裁判と紛争行動

1 問題の所在 ● ● ●

　民事裁判の重要な役割の一つは、紛争解決にある。たとえば交通事故の被害者と加害者（あるいは保険会社）の間で争いが起こったとき、裁判所に訴えを起こし、権利の存否に関して双方が弁論を行った後、裁判所から言い渡される判断（判決）に従う形で問題解決を図る、というのが一つの典型例である。

　しかし、この図式だけを見ると、判決が出れば紛争も解決されるようなイメージをもってしまう。交渉やもめ事などの場面で、「最後は出るとこ出ますよ」といった言い方を聞くことがあるが、これなども最後の手段、それも決定的な手段として裁判があり、そこに行けばややこしい問題もスパッと片がつくというイメージが人びとのなかにあることを示している。

　しかし、実際のところ裁判によって紛争がすべて解決するわけではない。もっといえば、全面勝訴といわれるようなほぼ請求通りの判決を勝ち取った場合でも、それで解決ということにならない場合はいくらもある。逆に、駅や車両での分煙を求めた嫌煙権訴訟のよ

114

うに、裁判では請求は認められなかったが、その後の分煙に関する
世論形成や社会変化を促す効果があったとして、敗訴でも肯定的に
評価される場合もある。

　このように、勝訴・敗訴と紛争解決とは必ずしも対応していな
い。もちろん、裁判は紛争解決に役立たないということではない。
ただ、裁判をすれば問題が解決されるという「裁判＝紛争解決」と
いう単純な見方はできないということである。

　それでは、裁判と紛争解決はいったいどう関わっているというの
か。まさにこの疑問こそ、法・裁判に関する法社会学的な理解や考
察の出発点となるものである。

　出発に当たってなすべきことは、権利・義務についての公権的判
断によって紛争を終わらせるという「裁判＝紛争解決」の理念から
一旦離れ、法・裁判の働きを社会・人びとの〈動き〉と関わらせて
見ていく視点をもつことである。

　そこから先のアプローチにはさまざまなものがありうるが、本章
では、実際に紛争を抱え解決を模索する利用者・人びとの紛争行動
に焦点を当ててそこから検討するというやり方をとることにする。
たとえば、クルマの〈走り〉について研究するとき、エンジンの設
計や制御装置の系統図に着目する方法があるとしたら、本章では歩
行者や渋滞や横なぐりの風などを含む実際の生活道路で、人びとが
どのように運転しているのかに注目する。そしてそこから、クルマ
のメカニック、それを操作する運転者の知覚や行動、当日の天候や
道路状況等々がどのように関係し合って一つの〈走り〉を実現して
いるのか（あるいは、不満足な走りになっているのか）を検討してみ
ようと思う。

　以下では、まず具体的な事例を時系列的に追跡し、そこから当事者にとっての紛争「解決」とは何かについて考察し、最後に裁判の位置や意味づけについて検討する。

2　事例の概要——大川小学校津波訴訟　●　●　●

　取り上げるのは、2011 年 3 月 11 日の東日本大震災の津波で、授業で校内にいた児童のうち 70 名が亡くなり 4 名が行方不明となった宮城県石巻市立大川小学校のケースである（西田 2019）（パリー 2018）。

(1)　事故後の「説明会」と「検証委員会」
　当日午後 2 時 46 分の最初の地震動で各教室から校庭に一次避難した子どもたちは、教員の指示で 50 分近く校庭に留まった後、列を組んで校外に避難を始めたところで津波に遭い流されてしまった。74 人の児童と教職員 10 名が犠牲になったこの事故は、学校管理下で起きた事故としては戦後最も多くの犠牲者を出した事故といわれている。
　事故から 1 ヶ月後の 4 月 6 日、市教育委員会によって遺族 54 家族に対する説明会が開かれた。しかし、地震発生から津波到達まで約 50 分間に何があったのか、どうして子どもたちを避難させることができなかったのか、について納得のいく説明はほとんどなかった。さらに、その後断続的に行われた説明会では、事実と異なる証言や二転三転する説明があり、遺族は市教委側の対応にずっと苦しめられた。
　そんな中、大川小学校事故検証委員会が設置される。「第三者」

による「検証」には多くの期待が集まったが、結局なぜ避難できな
かったのか、どこに問題があったのかという親たちが本当に知りた
いことは究明されず、不満と失望を残して終了してしまう。

(2) 訴え提起から判決確定まで

　こうしたことを受け、事故からちょうど3年目の前日、すなわ
ち訴えを起こすことのできる期限ギリギリの2014年3月10日、
児童23名の19遺族が石巻市と宮城県を被告として損害賠償請求
の訴えを起こした。

　一審の仙台地裁は、「学校の教師らは、遅くとも津波が到達する
7分前の15時30分までに大川小学校に津波が来ることを予見し得
たのに、裏山ではなく三角地帯に移動させた過失がある」として、
市と県に児童一人当たり6,000～6,500万円（合計14億円2,600万
円余）の損害賠償金の支払いを命じる判決を言渡した（2016年10
月26日）。裏山というのは、大川小の校庭のすぐ横にある山で、普
段からしいたけ栽培の実習等で子どもたちが登っていた山のことで
ある。生存児童の話では、当日校庭で待機していた際に、6年生男
子2名がこの山に逃げることを必死に教員に訴えたが、列に戻る
よう叱責され泣いていたという。結局、この裏山ではなく三角地帯
（山とは反対方向）に向かわせた教職員の〈当日〉の避難行動には過
失があったと裁判所は認めた。

　市・遺族双方控訴となった二審では、事故当日50分間の教員の
行動だけでなく、〈事前〉の防災対策にまで踏み込んで審理がなさ
れた。事故前に策定されていた防災マニュアルでは、避難場所は
「近隣の空き地・公園」と記載されていたが、実際には大川小の周

辺には空き地も公園も存在していない。つまり、現実的な避難場所が何も指定されない状態で津波に遭遇したことになる。事前に避難場所が指定されていれば、事故当日校庭で避難場所をめぐる議論で逃げ遅れることもなかっただろう。仙台高裁は、事前の防災対策に関して、震災前の 2010 年時点で児童らの安全を確保する義務があったのにそれを怠ったとして、学校・行政側の"組織としての過失"を認め、再び遺族側勝訴となった（2018 年 4 月 26 日）。

その後、市と県は上告したが、最高裁は上告を棄却し、二審判決が確定することとなった（2019 年 10 月 10 日）。

3　訴訟選択の背景にあるもの　● ● ●

事故で大切な人が亡くなったとき、当然その受け止め方や苦しみはさまざまあり、そのなかで、裁判する者もいればしない者もいる。大川小学校の津波事故では、54 の家族が遺族になり、うち 19 家族が訴訟を起こすことになった。

一つの事故で、訴訟を決断した家族としなかった家族。そこにどんな違いがあったのか。この問題関心は、紛争解決方法として訴訟を選択するかどうかがどのような要因で決まるのかといった訴訟選択に関する研究や、欧米に比べて日本で訴訟数が少ないのはなぜなのか等、長く法社会学研究のなかで議論されてきたテーマでもある。

私とゼミ学生は、大川小の遺族に今回の裁判という決断を分けたものは何なのかについて、率直に尋ねることにした。遺族の一人、佐藤敏郎氏から丁寧な回答をいただいた。そこには、次のような言葉があった。

74人の子どもが犠牲になり、54家族が遺族となりました。

裁判ではない道をみんなで探りましたが、やむにやまれず、時効の一日前に提訴となりました。

裁判に出ない人もいます。ちなみに私も出ていません。

でも、毎日のように双方は情報交換したりして、特に溝があるわけでもありません。

裁判に出る出ないは、端で見ているより差はありません。

佐藤氏自身は、裁判の原告には加わっていない。しかし、裁判以外の方法をみんなで検討し、一緒に法律事務所を訪ねて訴訟についてもいろいろ調べ、提訴後も常に情報交換し一緒に裁判を闘っている。そういう意味で、原告になった親たちと実質において大きく変わるところはないという。

つまり、訴訟という一つの局面だけを捉えて紛争行動を理解しようとしたわれわれの問題関心自体が、当事者から見れば極めて狭いものだったということである。もちろん訴訟選択は一つの大きな決断ではあるが、それまでの経緯や訴訟以外のさまざまな活動を含んだ「関わり活動全体」のなかで、紛争行動を理解しなければならないことを教えられた。これは、たんにどこかのゼミ研究における問題ではなく、法社会学を学ぶ者が取るべき重要な視点でもある。

4 「真相究明」という基礎作業 ● ● ●

そこで、判決確定までの8年半の大川小の遺族の取り組みを時系列的にフォローし、遺族・当事者が求めているものについて少し

推察してみよう。

3 節で見たように、訴訟が始まるまでに、①保護者説明会と②事故検証委員会という 2 つの大きな問題解決のチャンスがあった。

（i）保護者説明会

3 月 11 日の震災から 1 ヶ月近くの間、学校・市教委からは遺族に対して何の経緯説明もなかった。ようやく開かれた第 1 回保護者説明会は、非公開で、記録も残さず、まずその対応や手続面で問題が指摘されている。

説明内容の面でも、「なぜ子どもたちは助からなかったのか」「当日学校で何があったのか」という当然遺族が知りたいことについて、納得できる説明を示すこともなく終わってしまう。学校側は、地震の揺れで倒木があって避難できなかったと説明し、一人だけ生き残った E 教諭も「バキバキと木が倒れてきた」と生々しい報告をした。しかし実際には、山に地震で倒れた木は一本も確認されていない。一般的に、山の木が地震動で倒れることは通常は考えられないといわれている。この生存教員は、「毎日子どもたち、先生たちの夢を見ます。本当にすみませんでした。」と言って、その後泣き崩れ机に突っ伏したままだったという。貴重な生き残り証人教諭が人前に現れたのはこの 1 回だけで、それ以降は体調不良で休職し一切姿を見せていない。

2 回目の説明会では、先の倒木は「あったように見えた」に訂正される。新しい情報として、「津波はすごい勢いで子どもたちを飲み込んだり水圧で飛ばしたりした。後ろの方で手をつないだりしていた低学年の子供たちも津波に飲み込まれた。ほとんど同時に学校側からも津波が来て、学校前は波と波がぶつかるように渦を巻いて

いた。」と、事故の瞬間について具体性のある重要情報が明らかにされた。この証言は、全体状況を観察できる場所に人がいた事実を示すもので、事故状況を知る貴重な手がかりとなるものであった。しかし、この重大証言はそれ以降の市教委の報告書には記載されていない。

市教委は、保護者の質問が続くなか、予定時刻を過ぎたとして突然第2回説明会を終了した。さらに、会場外の記者に、保護者は納得した、説明会は今日が最後と一方的に伝えている。実際には、遺族らの要望でその後説明会は再開され、全部で10回行われた。しかし、説明内容には矛盾点が多く、説明姿勢も何かを隠すような逃げ腰なところがあり、親たちは真相を知ることができないばかりか、不誠実な対応に苦しめられ続けた。この事故後の市教委の対応については、事後的違法行為としてその後の訴訟の請求に加えられている。

(ii) 大川小学校事故検証委員会

何があったのか、事実関係を明らかにする真相究明の作業が難航した分だけ、「第三者」委員会による「検証」には多くの期待が寄せられた。

しかし、事故原因について委員会は、「この事故の直接的な要因は、避難開始の意思決定が遅く、かつ避難先を河川堤防付近としたことにある」(大川小検証委：はじめに)と述べるだけで、なぜ決定が遅れたのか、なぜ誤ったルートを選んだのかについては、「関係者のほとんどが死亡しているため、明らかにすることはできなかった。」として、核心部分の検証に向かおうとしない。代わりに、検証委員会の作業重点は「提案づくり」に置かれ、報告書には24の

提言がなされている。その中には、大川小の事故原因分析から導かれたかどうかわからない提案も含まれている。たとえば、学校設置者は、「津波や風水害を意識した立地条件を考慮すること」という立地に関する提案があるが、大川小よりも下流にあり、大川小より早く津波が到達した学校も含めて、高い場所に避難して全児童・生徒が助かっている学校はいくつもある。

　検証委員会については、遺族の佐藤敏郎氏が「事実の解明を放棄し、表面的な調査結果といくつかの形式的な提言を並べて終了した」（佐藤：46頁）と述べているが、この批判と落胆はほとんどの親に共通した思いだったと思われる。なぜ大川小だけ、しかもこれほどたくさんの犠牲者を出すことになったのか。そして、なぜその原因を探ろうとしないのか。

5　「検証」と裁判　●　●　●

　以上のように、親たちが一貫して求めているものの一つは、何があったのかの事実関係を明らかにし、なぜ避難できなかったのかの原因・背景を検証することであった。本来、市教委による説明会や第三者検証委員会は、この作業を行う重要な場となるはずだったが、親たちの辛抱と努力にもかかわらずいずれも不成功に終わる。事実関係の究明よりも言いつくろいに終始する市教委、原因究明作業よりも提言づくりを志向した検証委員会。

　これに対し、証拠に基づいて事実関係を明らかにし、それを法的に評価する訴訟手続は、十分な検証の場と期待され、実際その通り勝訴判決まで到達した。

　たしかに、学校における安全管理の責任の範囲と重さを示したと

いう点で画期的な判決であったが、この裁判によって大川小の問題が解決されたと考えるのは誤りである。たとえば、佐藤敏郎氏は最高裁の決定で判決が確定した翌日、「小さな命の意味を考える会」のHPで次のように書いている。

震災から8年7カ月目で、ようやく引かれたスタートライン。
裁判は、ややもすると結果だけが独り歩きしますが、訴訟に至る経緯、そして何を問い、議論した裁判なのかをふまえ、今後も取り組んでいかなければなりません。

この圧縮された言葉の中にある決意、そしてわれわれが問いかけられているものは何だろうか。

端的に言ってそれは、裁判だけで終わらない、裁判では受け止め切れない、もっともっと大きな課題があることの暗示であろう。たとえば、裁判所は〈当日〉の避難行動だけでなく〈事前〉の防災対策の過失を認めているが、他方で〈事後〉の学校・教育委員会の事後対応からくる苦痛については、何一つ認めていない。二審判決が出た直後の記者会見場で、ある母親は勝訴判決を評価すると同時に、「事後対応に対しては、何一つ認められなかったのは、とても残念です。今日この日まで、私たちはこの事後対応に苦しめられ、眠れない毎日が続いていました。」と述べている。

事後対応の問題は、現在の損害論・賠償論の枠組みでは法解釈論上拾い上げることのできないものなのかもしれないが、親たちにとっては、子どもを失った上に無用に与えられた苦痛であった。法・裁判から見ると副次的なものに見える事後対応の問題は、じつは真の学校安全について考えるときに欠かすことのできないもの、

すなわち学校と子どもと保護者のあいだの「信頼」の問題と深く関わっている。

　事後の説明会において本当のことを伝えることのできない学校・教育委員会に、今後親と一緒になって子どもを守るための生きた防災マニュアルがつくれるだろうか。実際の災害時に子どもの引き渡しや、保護者や地域の人たちと連携した避難・救助活動ができるだろうか。親たちが訴えようとしたのは、事後の不誠実な対応に透けて見える、将来の信頼できる関係づくりへの不安や警告だったのではないか。

　大川小の裁判結果は、今後の全国の学校安全における標準になる。その意味で大川小の親たちの努力は、将来の多くの子どもの命を救うことにつながるものである。しかし、事故の防止のためには、こうした裁判例が一つひとつの学校現場での安全管理に具体化されなければならない。そのとき、裁判で議論されたことを現場に具体化・現実化していくのは裁判所ではない。日々の学校活動を成立させる教育行政・教職員・親・地域住民等々の活動にかかっている。その意味で、真相究明、再発防止といった作業は、判決が確定し法的「解決」が「終了」しても終わることはない。

6　仮説を持って推察を続けること　●　●　●　●

　本章で検討の題材としたのは、現実に起こっている紛争や問題の中の一つのケースであり、この事例分析だけで紛争過程にある当事者のニーズや裁判の位置づけについて何かを断定的に述べることはもちろんできない。しかし、事例から紛争当事者が問題解決に向けて求めているものを推察し、一定の見通しや仮説を引き出すきっか

けにはなるだろう。

　たとえば紛争ニーズに関して、本章の事例分析から「真実の究明」「誠意ある対応」「再発の防止」といったキーワードを引き出すことができよう。さらに別の事例や裁判例から、「金銭賠償ではなく心からの謝罪」や、もしかしたら「ずっと忘れずにいること」といったニーズが出てくるかもしれない。実際、多くの事例に当たっていくと、そこに繰り返し現れる一つのパターンのようなものが見出され、紛争行動を理解するための有力な手がかりが得られることは間違いない。

　しかし、こうしたパターン化したニーズが、既定のものとして確実にあると考えることには慎重でなければならない。というのも、個々の紛争は細かく見ればそれぞれの個性をもっており、まったく同じ紛争はないし、問題をどう受け止めどう行動するかは、家族や夫婦のかなでも違ってくる。さらに、一人の当事者においても、その紛争行動や認識は時間の経過やさまざまな出会いのなかで、ニーズが現れたり消えたり、流動的に変化する。紛争実践のなかでの問題の捉え直しや迷いは、示談成立後や判決確定後にも起こる。

　つまり、紛争や問題解決に対する考え方や行動の仕方は、最初から決まっているわけではなく、多様でたえず変化するものと考えておかなければならない。もちろん、だからと言って、〇〇という解決ニーズがあるといった捉え方は無駄なことではない。そのときどきで一定の理解や解釈をすることは避けられないしまた必要なことでもある。そもそも、一定の理解や想定なしに他者の振舞いについて理解することはできない。自分の振舞いも同様である。

　結局重要なことは、そのときどきの仮説をもって紛争の現実に臨

床的に関わり、それらを修正し続けることではないだろうか。判決文を読む、検証委員会議事録を読む、あるいは現場に行って人の話を聞く等々、どのような形であれ事件の現実に触れ、そこから当事者が置かれている状況・困難・願望などを推察し、裁判・ADR・弁護士等を含めた今後の紛争解決手続のあり方を展望することが重要に思われる。他の章と同様に、本章もまた、そうした臨床的関わりとしての法社会学のための例題の一つとして読まれることを望む。

〈参考文献〉

西田英一『声の法社会学』（北大路書房、2019 年）

佐藤敏郎「大川小学校事故、今までとこれから」中央評論 298 号（2017 年）40-50 頁

パリー，リチャード L.（濱野大道訳）『津波の霊たち——3・11 死と生の物語』（早川書房、2018 年）

大川小学校事故検証委員会「大川小学校事故検証報告書」（2014 年）

第9章
ADR

1 ADR（Alternative Dispute Resolution）とは

ADR とは何か。ADR は "Alternative Dispute Resolution" の頭文字をとったものである。この英語を日本語に素直に訳すと「代替的」「紛争」「処理（解決）」となる。このまま「代替的紛争処理」というように呼ばれることもあったが、現在では「裁判外紛争処理」と訳されることもあり、この訳からは「代替的（Alternative）」が「裁判」の代替ということがわかるだろう。

裁判は我が国における公式の紛争解決手続だが、唯一の紛争解決手続ではない。訴訟は手続面、実体面ともに最も精緻に構成された紛争処理手続である。ただ、それでも社会に生起するあらゆる紛争の全てを適切に解決できる最善の方法であると言い切ることはできない。なぜなら、訴訟が何の問題もなく機能するような紛争がある一方で、そうではない紛争も社会には多く存在しているからである。

たとえば、裁判の重要な原則として「公開主義」があるが、当事

者の中には自分が抱えているトラブルの内容が公開によって外に漏れることを避けたいと考える者がいるだろう。また、裁判官は法律の専門家ではあるが、世の中にある全ての事象の専門家ではない。最先端のAI技術についての紛争や、複雑な医療過誤紛争などを抱える当事者は、裁判官ではなくその道の専門家に話を聞いて欲しいと考えるのはむしろ自然なことではないだろうか。他にも、ちょっとしたお金の貸し借りで揉めていて、どうにかしたいと考えていたとしても、訴訟をすると費用倒れになってしまうことから躊躇する者もいるだろう。

　このように、当事者は、それぞれの紛争（法的トラブル）が持つ特徴や文脈に応じて、多様な関心や期待を紛争解決手続に対して持っているのである。人々は多様な側面を有する紛争を時に訴訟で、時にそれ以外の方法で解決しているのである。

　では、「それ以外の方法」とはどのようなものがあるだろうか。一般的に、裁判を用いない紛争処理と言えば、「交渉」、「調停」、「仲裁」が挙げられる。「交渉」は当事者同士による合意を目指した話し合いであり、「調停」と「仲裁」は、それぞれ態様は異なるが、どちらも中立的第三者が介入する紛争処理である。

　これらのADRのなかで調停と仲裁は、多くの組織や団体によって紛争処理のフォーラムとして提供されている。上述の手続だけでなく、そうした提供機関のこともADRと呼称されるので留意しておこう。全てを列挙することはできないが、ADRとしては、たとえば、裁判所は訴訟だけを提供しているのではなく「民事調停」「家事調停」という手続を用意しているし、行政も「消費生活センター」、「公害等調整委員会」などのADRを提供している。各専門

職団体もADR機関を設けており、特に各弁護士単位会が設置する
「紛争解決センター（仲裁センター・示談あっせんセンターといった名
称もある）」は豊富な活動実績を有している。また、隣接法律専門
職である司法書士、社労士、行政書士などの単位会もADRを開設
している。その他にも、各業界が設立しているADR機関として、
「PLセンター」、「交通事故紛争処理センター」、「日本クレジット・
カウンセリング協会」などが挙げられる。このように訴訟以外にも
紛争を解決する手段、そしてそれを提供する機関が多岐に富んでい
ることがわかるだろう。

　本章では、実際に取り組まれた仲裁と調停の実践例の紹介を通し
て、訴訟が応答しにくい紛争に対してADRがどのように上手く機
能するか、そしてADRにおいて、当事者や手続主宰者がどのよう
に関わりながら問題を解決するのかの過程に注目し検討していきた
い。

2　仲裁事例──企業間紛争　● ● ●

　それでは最初に仲裁の事例をみていきたい。

　仲裁は紛争を抱える両当事者が、第三者の（仲裁人）提示する仲
裁案を受け入れる事前の合意（仲裁合意）のもと手続を開始する。
その合意に基づき仲裁人が仲裁判断を下すが、これは確定判決と同
様の効力を持つ、強制力を伴う判断である。

　この仲裁事例は、「仲裁センター」で扱われたものである。この
仲裁センターは、第一東京弁護士会が主宰するADRである。

　仲裁センターは、民事上のトラブルを「迅速・廉価・公正」に解
決することを標榜し、あっせんと仲裁を提供している。あっせん

人・仲裁人は、経験豊富な弁護士を中心に元裁判官、元検察官、大学教員、各分野の専門家などから選任される。申立費用は 10,000 円であり、期日毎に申立人・相手方ともに 5,000 円、そして別途成立手数料がかかる。

　それでは早速事例をみていこう。本事例は企業間紛争に関するものである。

　ある企業 A が長期にわたって操業していた工場を閉鎖し、新しく別の場所に移転することになった。新工場は移転前の工場と離れた距離にあることから、それまで移転前の工場で継続的に取り引きしてきた業者 B との契約を続けることが A にとって困難になった。そこで、A は移転前の工場で取引のあった B との契約を解消する必要が生じた。A と B との間には業務委託契約や人材派遣をはじめ複数の契約があり、月々の支払いは総計で 800 万円ほど、年間で約 1 億円であった。契約書には中途解約条項はなかった。A は工場移転に伴いすべての契約を終了したいと考え、弁護士 C に相談した。

　C はこの相談を受け、まず裁判を用いて処理することを考えたが、複数の理由からそれが現実的ではないと判断することになった。

　第一に、上述の通り AB 間の契約は一つではなく複数存在することである。それぞれの契約の残存期間がバラバラであること、そして一方的な契約の履行の拒絶、解約は訴訟を用いるとしても困難であった。

　第二に、管轄の問題である。管轄とは、どの地域にある裁判所で訴えを提起したらよいかという民事訴訟法上の定めである。様々な

観点からこの管轄は決められるが、本事例の場合、A側が訴えを提起するとすれば、管轄はBの住所地になる。Bの住所地は都心から離れた地方にあり、さらに管轄は地方裁判所の支部にあった。Aの住所地からは地理的に遠く、裁判所に出向くだけでも1日がかりになる。裁判をすることは時間的コスト、移動コストの面からも理想的な選択肢ではなかった。

その後数ヶ月にわたり、弁護士CはBが依頼した弁護士Dと交渉をはじめた。そこで、AとBの間で全ての契約を解消するという点において両者に異存がないことを確認した。あとは金額の問題であった。何度かの交渉の末、契約解消に伴うBの要求金額は3億円であった。これはCが提示した金額、8000万円を大きく上回り、交渉は行き詰まった。

この事例において、Bにとっても裁判をすることは好ましい結果を生まなかった。先述のようにAとB間の契約は複数あり、それぞれ性質が異なっている。このような状況ではすべての契約を解消しその請求額を確定するのは容易ではない。

さらに、裁判費用もBにとって大きな負担になる。裁判費用は訴額（裁判で請求する金額）に応じて決まる。本事例の場合、仮に3億円を訴訟で請求したとすれば、訴状に貼り付ける印紙代だけでも100万円近くかかってしまう。さらに、複雑かつ請求額の高い事件であることから、裁判が長期化することが考えられるし、それに応じて弁護士費用も高額なものになる。このようにAにとってもBにとっても、裁判をするという選択は積極的に取り易いものではなかったのである。

そこで、このどちらにとっても裁判は最良の紛争解決方法ではな

いという状況を踏まえ、弁護士 C は B の弁護士 D に対して仲裁セ
ンターの利用を提案し、それが受け入れられた。両者が設定した手
続面の条件としては、仲裁人には元裁判官を選任すること、短期解
決のために集中審理でおこなうことであった。

(1) 仲裁の開始と経過

　後日、仲裁センターに申立てをし、計 4 回の期日を経て紛争が
解決した。

　まず第 1 回期日である。仲裁センターは和解あっせん手続とそ
の名を冠する仲裁手続の双方を提供していることは先に述べた。第
1 回期日では、担当仲裁人予定者から和解あっせんで手続すすめる
か、もしくは仲裁合意して手続を進めるかどうかについて尋ねられ
た。ここで弁護士 C は、「現段階では仲裁合意はしないが、仲裁人
予定者の意見が聴きたい」と答えた。その後、双方が仲裁予定人に
これまでの交渉の経緯を説明と言い分を伝え、期日が終了した。

　第 2 回期日では、第 1 回期日で聴取した交渉の経緯と双方の言
い分を踏まえ、仲裁人予定者が意見として、1 億 6000 万円から 1
億 8000 万円の間で和解するのはどうかと打診した。ここで金額の
幅を持たせたのは、両者が改めて交渉ができるための仲裁人の工夫
である。ここで両者は次回までに回答すると約束した。

　続く第 3 回期日において、仲裁人が提案した A・B の要求額の中
間である 1 億 7000 万円を A が B に一括で支払うということで双方
合意し、和解案が内定した。ここで「内定」となっているのは、A
が企業であり、最終的な決定には社内の承認が必要になるからであ
る。A の担当取締役が期日に出席しており、次回までの間に取締役

会で承認を得ることを仲裁人に伝え、期日は終了した。この段階で両者の間で仲裁合意が取り交わされた。

　後日、Aの取締役会でこの和解案が承認され、Cは期日外にそのことを仲裁人に報告した。そこで、この和解案が仲裁人の提案をもとに形成されたものを示すために、内定した和解案を主文とする仲裁判断が出ることになった。そして、最後に第4回期日において、仲裁判断書が交付され、この紛争は解決に至った。申立てから解決まで、37日であった。

(2) 事例分析──対論と当事者の主体性

　ここから本事例を分析していく。確認するまでもなく、本事例では紛争解決の手段として仲裁が用いられている。本事例からは、仲裁を用いることによって裁判所が応答しにくい問題が扱えること、費用面でも時間面でも低コストで解決ができること、柔軟な手続形成といったADRが持つ特徴が指摘できるかもしれない。しかし、本事例では、それ以上にその運用方法、両当事者と仲裁人の関わり合いが興味深いものになっている。

　まず、この仲裁制度そのものについて、もう一度簡単に振り返ってみたい。仲裁は、仲裁人が最終的に下す判断（仲裁判断）に当事者は従わなければいけないという強制力を持つ。そして、仲裁を始めるには、当事者双方がこの仲裁判断に従うということを「あらかじめ」約束すること（仲裁合意）が必要になる。

　本事例では、第1回期日において、仲裁人からの仲裁合意をするかどうかの質問に対して、Aの弁護士Cは「仲裁合意はしない」とはっきり応えている。そもそも仲裁は、仲裁合意という「あらか

じめ」の約束の下で進められていくはずなのにもかかわらず、本事例ではその仲裁合意をしない旨が明確に示されている。仲裁人の選任には当事者の要望が反映されてはいるものの、これまでの交渉の経過を知らない者が突然介入し、強制力のある判断を下すということについて、両当事者が前向きでなかったことがうかがえる。

　ところが、この仲裁合意がなかったということでこの仲裁は当然に終了したかというと、そうでないのもまた事例の通りである。この仲裁では、仲裁合意はなかったが、当事者が仲裁人予定者に意見を求めることにはじまり、仲裁人予定者が紛争解決の基準を提示している。そして、その基準をもとにあらためて対席で交渉して、両当事者が納得のいく金額で合意している。最終的に、その両当事者が作り上げた合意に、仲裁人による仲裁判断というかたちで形式的に強制力がつけられていると言える。

　両当事者は自律的な交渉に行き詰まったことで仲裁を利用するに至ったが、単に仲裁人による他律的な判断を求めたかというとそうではない。そもそも、仲裁人は解決基準を示しているが、これは何の脈絡もなく提示されたものではない。この解決基準には、第1回期日で当事者双方が説明したようなそれまでの交渉経過が反映されているのが事例からも読み取れるだろう。また、本事例における仲裁人の特徴として、紛争解決の基準となる金額に幅を持たせるなど、両当事者間の交渉を活性化させるような手続運営をしている点が挙げられる。この仲裁人による対論機会の保障により、両当事者は互いに自らの言い分を述べ合うことができ、結果、ともに納得のいく解決方法を自律的に導きだすことができたのである。そして、この合意は仲裁人による適切な手続運営の成果でもあることから、

両当事者は合意を仲裁判断として仲裁人に出すように求めたと考えられるのである。

3　調停事例──面会交流をめぐる同席調停　● ● ●

(1)「同席調停」とは

次に、調停の実践例をみていこう。

調停は中立的第三者（調停人）の関与のもとで、両当事者が合意に向けて話し合う紛争処理である。調停の成立如何は最終的に両当事者が合意に達するかどうかであるが、そのために調停人が積極的に解決案を提示するスタイルがあれば、逆に当事者の自主的解決に重点を置き調停人は限定的にしか関与しないスタイルなどが存在する。

ここで紹介する実践例は裁判所で行われた「家事調停」である。家事調停は、家事という言葉が示す通り、離婚、遺言といった家庭内の紛争を対象とした調整手続である。このような紛争を解決する場合は、厳格な法律の当てはめによる画一的な紛争解決よりもむしろ、関係調整的な解決が馴染むとされる。家事調停は、家庭に関する争いを専門的に扱う家庭裁判所が管轄し、訴訟することのできる事件については、訴訟を提起する前にまず調停を申し立てる必要がある。

一般に、我が国の裁判所における調停では別席調停（評価型調停）がおこなわれているが、本事例は同席調停（対話促進型調停）が用いられている。この同席調停は、当事者双方が同席して相互に意見を述べあい、当事者双方が解決案を作り上げるという方式をとる。前述の調停スタイルでいうと後者に当たる。我が国ではまだ同席調

停の実践は豊富であるとは言えないが、ADR が持つ価値の一つである「当事者による自律的な問題解決」という側面からは非常に示唆に富む、興味深いものである。この点を頭に入れてこの事例を見ていってほしい。

(2) 事例の概要

　本事例は離婚した元夫婦間の紛争である。A（元夫）と B（元妻）はかつて婚姻関係にあったが、協議離婚することとなり、二人の間の息子は B が引き取ることになった。この際、B は「離婚後も A といい関係でいたい」と考え A と息子の面会交流を認めたのだが、その後、A が離婚成立後にアルコール依存症で入院した。こうした状況から、B は A と息子の面会交流を拒否した。それについて不満を持った A が親権者変更を申し立て、同席調停が行われたが、B は「息子が A のことを嫌がっている」と話し、A は B の見下すような態度に腹を立て、両者は強く対立し不調に終わった。その二週間後、今度は A から面会交流の申立てがあり、家裁調査官が立会人となり同席調停が開始した。当初、親権者変更の同席調停で A と強く対立していたことから、B は同席調停について前向きではなかった。そこで、家裁調査官は B に「問題の解決のために直接話し合って誤解を解く必要性があるのではないか」、「『いい関係』が築けなかったことを互いに謝ることも必要ではないか」と話し、当初前向きではなかった B が同席調停に応じ、開始することになった。

　同席調停を始める前に、家裁調査官は両者に「基本的ルール」を共有している。そのルールとは、「お互いに相手の目を見て話すこ

と」、「相手の話を最後まで聴くこと」の二つである。この基本的な
ルールの下、調停委員だけでなく家裁調査官が間に入り話し合いが
始まった。

(3) 同席調停の開始と経過

　調停開始当初は、AもBも頑なな態度を崩していない。Aは「な
ぜ約束を破ったのか」とBを詰問し、Bはそれに対して「子供が
嫌だと言っている」と返す。その後、Aは慰謝料の話題や離婚につ
いての話を持ち出し、話題が少し分散する。

　再び、Bの「子供が嫌がっている」という話題に戻り、Aがその
理由を尋ねた。Bによって原因の一端についての話が始まったが、
経緯があやふやであった。家裁調査官が具体的に話すように促す
と、どうやら両者間のトラブルにAの親族が関わっていることが
わかった。

　そして、Aがアルコール中毒で入院した理由に話が広がり、Bが
その理由を尋ねた。Aはその理由がわからないと答えると、Bは
「よく覚えてないんでしょう？あなたの覚えていることと私がされ
たことに大分開きがある。酒飲んで、変なかっこうして家に来た
り、皆が怖がるようなことがあった」と発言した。すると、Aは
「覚えていない」と言い、黙り込んだ。家裁調査官がBに具体的に
話すように促すと、B「変な帽子をかぶり、サングラスかけて、首
からパフパフかけて」と、Aがいかに奇異な格好でB宅を訪れた
かを伝えた。すると、両者はこの「パフパフ」という単語をきっか
けに互いに笑い合った。Aはそれまでの強硬な態度を一転軟化させ
「相当酔っていたんでしょうね」と笑いながら述べ、両者は時折方

言を混ぜながら、なぜ両者の関係性が悪くなったかについて話し合った。どうやらAが知らないうちに離婚に納得のできないAの親族が介入しており、それがBの不信感を招いたのではないかということがわかってきた。家裁調査官は小休止を設け、Aに対し「いい話し合いができている」と告げた。Bに対しては「Aがシラを切っていると思うか」と尋ね、Bは「それはない」と返答した。

その後も話し合いは続き、Bは「あんたが人にいろいろ言われて、私を信じてくれんかったことが一番残念やった」と泣きながら訴え、Aもその言葉を受け入れている。また、Bの「子供が嫌がっている」という発言についても、Bは「私ものぼせて感情的になっとった」と話し、それが誇張した表現であったことを認めた。それに対してAはさらに「こっちが先にのぼせて、お前ものぼせたんはじゃないか」とフォローするまでになっている。

これらの話し合いを受けて家裁調査官は「大事なことはここで相手が話していることを信じられるかどうかということ、どう?」と両者に尋ねると、Bは「信じます」と答え、Aも親族の介入がないように、今後の連絡は自宅ではなく職場にしてほしいと希望した。また、Bは今後の話し合いに応じる意思を表明し、次回の調停期日までにAも混乱を整理すると約束し、同席調停を終了した。

次回の調停期日を予定していたが、Aが「これ以上争いたくない」、「息子が俺に会いたいかどうかは大きくなったときに本人が決めればいい」と述べ事件を取り下げた。またBも「調停でお互いに思い込みで誤解していたことが分かった」、「話し合ってよかった」、「今後Aが子供に会いたいと言ってきたら、気持ちよく会わせたい」と述べた。

(4) 事例分析――自己変容プロセスとしての「対話」

　まず、どのように調停が進行したかの流れをみていきたい。

　そもそもこの両者間の同席調停は、申立ての内容こそ違うものの2回目である。最初の同席調停では両者の対立が鮮明になったこともあり、特にBは2回目の調停に対して前向きではなかった。基本ルールの共有や家裁調査官の助言があったものの、この両者の対立は本事例においても継続している。また、慰謝料やAの入院など面会交流以外の話題が広がっている。

　その後、BによるAのアルコールを起因とする奇異な行動の説明をきっかけに両者の関係性が悪くなった理由を話し合うようになった。面会交流をめぐる問題の背景にある事情をお互いが共有することができ、対立が生じたことについてお互いがフォローし合うなど関係性が改善した。最終的には、Aが申立てを取り下げ、調停は終了している。

　調停の立会人としてAとBの間に入った家裁調査官の役割は、非常に謙抑的だったことがわかるだろう。家裁調査官は、A、Bが下した結論にも直接的な関与はしていないし、家裁調査官は、Bの同席調停への参加の動機付けをおこなった他は、話した内容の具体化や、お互いの意思の確認、そして考えをまとめるための小休止を設けるにとどまり、両者の間への強い介入は確認できない。この調停の目的であった面会交流についての話し合いから、異なる話題にうつったときも、それを止めることなく自由な発話を促している。家裁調査官の役割は、A、B両者間の自主的な対話を促進させることにあったのである。

　それでは、家裁調査官が促進した「対話」とはどのようなもので

あったか。本事例に限らず、調停は、第三者を交えて当事者がお互いの間で問題になっている紛争について話し合う場である。このような点に注目すると、調停における「対話」は「自分がいかに正しいか」、そして「相手がいかに間違っているか」をお互いに説得しあうもののように捉えられるかもしれない。たしかに、本事例においても調停開始冒頭では、ＡもＢも互いに相手を非難しあっている。互いに相手に対して敵対的であったと言ってよいだろう。だが、両者とも対話を積み重ねるにつれ、自分が絶対的に正しいという考えから解き放たれ、敵対視していた相手方の捉え方も変わっている。

　調停開始当初、「なぜ約束を破ったのか」とＢを詰問していたＡは、Ｂとの対話によって自身のアルコールを原因とする奇異な行動や親族の介入を知り、自分の認識不足を反省するに至り「これ以上争いたくない」と事件を取り下げている。Ａの要求に対し「子供が嫌がっている」と応えたＢも、対話を通して、Ａの親族が介入していたことについてＡは知らなかったということを把握し、「子供が嫌がっている」という発言が誇張したものであったということを認めた。そして、Ｂは両者間のトラブルの原因として、「お互いが誤解していたこと」を挙げ、「今後Ａが子供に会いたいと言ってきたら気持ちよく会わせたい」と述べている。互いに膝を突き合わせ、五感をフル活用して話し合うことで、紛争の形が変わり、そして自分自身も相手方も変わっていく。本事例において、家裁調査官が促進した対話とは非難の応酬ではなく、まさにこのような相互変容の過程であった。

　離婚後、関係性が破たんしていたと言っても過言ではない両者は、同席調停の場で家裁調査官の下で話し合いを再開させた。そこ

で、冒頭では対立したものの、両者は対話を通して面会交流を巡る対立の背景に潜む問題を顕在化させることができた。そして、激しく対立していた両者が、互いに相手の立場や利益に配慮しながら「自主的」に「納得のいく」解決案を導き出すことができ、さらには両者の関係性が回復するまでにいたったのである。

4　おわりに　● ● ●

本章では、実際に取り組まれた仲裁事例と調停事例を臨床的にみてきた。当事者の具体的視点を通して事例を検討することで、和解的仲裁の妙や調停の笑いといった紛争解決にとって重要な過程を確認することができた。また、どちらもこれらの事例を通して、ADR が単なる「裁判の代替」にとどまるものではないということがわかったのではないだろうか。法や裁判の手が届きにくい紛争に ADR が応答できるという点は事実である。ただし、仲裁事例・調停事例の双方から読み取れるように、ADR では手続・合意内容を当事者が自律的に創造することができる。裁判の代替という価値を超えて、当事者間の私的自治を目指す対話のフォーラム、自律的な紛争解決のフォーラムとしての価値をADRは有しているのである。

〈参考文献〉

井上治典編『現代調停の技法・司法の未来』（判例タイムズ社、1999年）120-141 頁

小島武司編『ADR・仲裁法教室』（有斐閣、2001 年）

大川宏「企業間紛争の解決手段としての ADR の有用性」JCA ジャーナル第 50 巻 8 号（2003 年）12-16 頁

和田仁孝編『ADR 理論と実践』（有斐閣、2007 年）

● 第10章 ●
法専門職の構造

1　法専門職の理念　● ● ● ●

（1）プロフェッションとしての弁護士

　弁護士は通常の職業とは異なるとされ、プロフェッションとよばれている。世の中にある多くの職業のなかでプロフェッションとされるものは3つだけである。それは、医師、聖職者、法律家である。いずれの職業も、依頼者の苦しみや悩みに応える役務を提供するのであり、通常の職業とは異なる特徴があると考えられている。その特徴を弁護士に即してみてみよう。

　第一に、弁護士は、基礎理論に基づく高度な専門知識を習得し、これを活用する。弁護士は法の解釈適用と事実認定とによる法的判断をおこなう。弁護士は、依頼者や相手方から紛争にかかわる事実をきいたとき、それが法的にどのように評価されるのかという視点からとらえることができなければならない。そのさい、法律条文の知識が必要になる。しかし、この法律条文の知識は、単なる個別知識の寄せ集めではなく、体系化された知識で、しかもそれは法哲学や法制史、法社会学などの基礎理論に基づくものである。

142

第二に、弁護士は、公益にかなった法的サービスの提供をおこなうのであり、もっぱら営利の追求にはしってはいけない。弁護士法第1条では、弁護士の使命は「社会正義の実現」であると規定されている。このことは、弁護士の活動が社会正義に資するものでなければならず、公益性をもっていることをあらわしている。

第三に、弁護士は、個人としても、また集団としても自律性が確保されなければならない。弁護士は、営利を度外視して、孤立する個人の側に立ち、国家や公共団体と対立しなければならないときもある。そうした場面で、国家からのコントロールがおよぶ関係にあるならば、依頼者を十分に支援することができなくなる危険性がある。したがって、弁護士は、個人としても、集団としても国家権力から独立し、自律的に活動しなければならないのである。

(2) 弁護士業務の実相

プロフェッションである弁護士は、その理念にそった専門職としての特徴をもつ。それは先述のように基礎理論に基づく法律知識の習得、業務の公共的性格、個人および集団としての自律性であった。弁護士の現実は、たしかにこのような特徴をみいだすことができるが、その理想的なかたちのみではとらえることはできず、むしろこの理念からかえって問題を生じさせる危険もある。

第一に、社会正義のような公共性に過剰に意識を置くと、それに見合わない日常業務は弁護士にとって些末に感じられる。その日常業務で弁護士が出会うのは従順な依頼者ばかりではない。依頼者とのめんどうな対応に負担をおぼえて回避しようという姿勢になるかもしれない。そうした弁護士は、事件処理をすすめていく上で、

「法的に正しい」判断を自律的におこなう。そしてそれは、素人には評価できない高度な法的知識に基づく活動であるとして、依頼者の不満を抑え込むのである。

第二に、刑事の冤罪事件や薬害訴訟事件、産業廃棄物最終処理場建設をめぐる紛争など、より弁護士の公益的な役割が期待される活動において、依頼者を置き去りにする危険がある。そうした事件は、事件事実の把握や説得力のある主張の構成は容易ではなく多大な費用がかかる。しかし、通常は、依頼者は正規の費用を支払うだけの資力はもっていないため、弁護士の持ち出しで事件処理を進めていくことになるだろう。そこでは、弁護士が社会的に価値のある公益的活動を無報酬で「やってあげる」という関係が形成され、依頼者も、そうした弁護士には、異なる意見があっても言いにくくなるのである。

弁護士業務は、本来「民営」であり、自分で事務所の経営を安定させなければならない。したがって、弁護士業務は、費用を支払う依頼者によって成り立っているのであり、依頼者を尊重し、もてる知識技能でその要求をできるかぎり実現させようとすることが必要であろう。このような当然ともいえる弁護士業務の側面は、弁護士が他の職業とは異なるプロフェッションであるという理解により、見えにくくなっていた。しかも、わが国では、司法試験合格者の人数を制限するかたちで、長期にわたって弁護士人口の抑制が政策的におこなわれてきたこともあり、弁護士は顧客獲得に不自由を感じることもなかったのである。

2　現代日本の法専門職　● ● ●

(1)　弁護士人口の増加と市場競争の激化

　今世紀の司法制度改革は、弁護士のあり方に大きな変化をもたらした。司法制度改革の主要なテーマの一つが、法曹人口の増大であった。それまで日本社会が事前規制に重点を置いて社会秩序をつくっていたのに対して、規制を緩和してより自由な経済活動をうながし、そこで発生する紛争を処理することで秩序を形成する社会へと移行することが構想されたのである。この紛争処理にあたるのが司法制度であり、法曹養成制度の大幅な変革を経てとくに弁護士人口の急激な増員がすすめられた。そして、この時期に、弁護士は従来の姿勢では、十分な顧客を獲得して事務所を維持していくことがむずかしくなってきた。弁護士のあいだで競争が激化しはじめたのである。

　弁護士のあいだの競争の激化は、従来の弁護士業務の維持を困難にし、その形態に変化をもたらした。かつて弁護士は、組織に縛られず自由な活動を好む傾向にあり、個人で事務所を開業することが多かったが、1人で事務所を経営するのは費用負担が大きく、しだいに複数人で開設し経費を分担する事務所が増えてきた。また、弁護士の経歴は、既存の法律事務所に給与をもらって勤務して、先輩の弁護士から業務を学んでから独立するというのが標準的であったが、そうした経験を積む機会を得ることができず資格を得たのち即座に独立する弁護士もでてきた。

　他方で、依頼者獲得が厳しい状況において、積極的に対策を考案し、実施する弁護士も出現してきている。インターネット上に法律

事務所のホームページを作成したり、テレビや電車のつり革などで広告を打ったりするなど、広報に力を入れる弁護士が目立ってきた。その広告では、専門分野を明確にしてアピールするものが少なくない。また、もともと法律事務所は裁判所の周辺に集中していたが、近年はそうした場所を離れてむしろ弁護士利用者が接触しやすいような住宅街や商業地域に法律事務所を開設する弁護士も出てきた。

　こうした弁護士の対策を後押ししたのは、やはり司法制度改革の時期におこなわれた、日本弁護士会で策定していた弁護士費用基準や広告禁止の撤廃である。つまり、弁護士人口の増加という変化は弁護士集団である日本弁護士連合会にも変化をもたらしたのである。

(2) 法律事務所の総合力

　弁護士は、かつてなかったほどに法律事務所の経営や顧客の獲得を意識せざるをえなくなっている。すでに述べたような住宅街や商業地域に事務所を開設したり、交通事故や夫婦関係事件など専門性を強調したりするようになってきた。広報にも力を入れている。このような関心は、弁護士の執務体制にもみることができる。これまで弁護士の法的サービスは、弁護士のみが法的知識を提供することで遂行されているかのようにとらえられてきた。しかしながら、弁護士の活動は、所属する法律事務所を起点とするものであり、事務所内の活動をできるかぎり合理化し、依頼者に心地よいものにする必要性が浸透しつつある。

　弁護士業務の実効性の向上は、所属事務所のスタッフである法律

事務員との協働体制によってはかられる。従来から、多くの法律事務所で、法律事務員は受付対応、電話受け、お茶出しなどを担当しており、これらの業務は利用者の法律事務所へのアクセスにとって重要な役割を果たしてきた。しかし、近年は、法律事務員の活動はより専門性の高い領域に広がってきている。弁護士業務は民営であるため、弁護士ごとにさまざまな事務所の体制をつくっているが、大きく分けて二つの方向が顕著である。

第一の方向は、法律事務員が一定の法律知識を習得して、それを活用して弁護士業務の負担を軽減するのである。もちろん、事件を受任して責任をもって処理するのは弁護士である。しかし、紛争処理に必要な作業をすべて弁護士がおこなうのは効率的ではない。記録の整理やコピーなどは通常は法律事務員がおこなっているが、民事保全や強制執行などの手続的な業務も定型的・機械的な作業が多くを占めており、一定の法律知識を習得している法律事務員が弁護士の監督のもとで作業を分担しているのである。巨大法律事務所では、海外の企業との取引にかかわることが多く、契約書作成などの予防法務をおこなう。そこでは、法律事務員が英語の文書のチェックなどを担当する。さらに近年は、通常の法律事務所でも交通事故紛争で被害者が被った傷害や受けた治療に関連した知識を詳細に調べて弁護士の交渉戦略のサポートをおこなう事務所もある。

第二の方向は、法律事務員が、このような高度な法的専門性を使って弁護士業務を補助するというよりは、むしろ弁護士が担う法的活動とはまったく異なる側面でかかわる可能性がみいだされている。弁護士のもとにやってくる依頼者は、多くの場合、抱えている紛争に非常に困惑し疲弊しており、冷静なふるまいができなくなっ

ている。そうした依頼者に対しては、できることならば弁護士が十分に時間をとってリーガル・カウンセリングを実施することが望まれる。しかしながら、事務所の経営に責任をもち多くの事件を抱えている弁護士は、そうした領域まで手がまわらないこともあるだろう。そのことから弁護士と依頼者とのあいだに誤解や不満がふくらんでいかないように、法律事務員が両者の橋渡しをおこなうのである。ときには、法律事務員が、弁護士が十分に時間をとって聞き取ることができなかった事案の詳細を依頼者から伝えられることもある。そうした内容は随時、弁護士に正確に伝えられることで、弁護士も状況を把握し適切な対応をすることができるのである。

　こうした法律事務員の取り組みが弁護士業務をより質の高い、そして無駄のないものにする。法律事務員の業務は、従来の受付や電話応対、記録整理もそうであったのだが、活動領域を拡げていくにしたがい、弁護士のおこなっている法律業務について一定の知識をもっている必要性がより高くなってきている。弁護士のみがなしえる法的判断を必要とするのはどの場面なのかが見渡すことができなければ、それ以外の作業の意味を理解したうえで適切なタイミングで遂行することは不可能だからである。弁護士がそうした法律事務員と協働して法的業務をおこなうことで、法律事務所の総合力があがるのである。

3　弁護士の倫理と規律　● ● ●

(1) 弁護士団体の自治

　プロフェッションである弁護士は、個人としても集団としても自律性が確保されなければならないことはすでに述べた。弁護士集団

には、日本弁護士連合会と地方裁判所の管轄区域ごとに設立されている弁護士会とがある。個々の弁護士は、日本弁護士連合会といずれかの弁護士会とに加入しなければならない。この日本弁護士連合会および弁護士会が、弁護士の自律性の確保にとって非常に重要な機能をはたしている。

　一般の職業であれば、不適切な業務活動をしないように、監督官庁が指導・監督をおこなっているが、弁護士には、そのような監督官庁はない。そうすると、個々の弁護士が自覚的に行動を律することが期待されるが、なかには非行をおこなう弁護士もでてくるだろう。それに対しては、弁護士たち自身で対処することになる。すなわち、弁護士会に整備されている懲戒制度によって、弁護士の非行は審査され、懲戒を受けるべきかどうかが判断されるのである。弁護士の業務活動が、行政機関や裁判所によって監督・規律されるのではなく、弁護士自身で自律的に規律する仕組みを弁護士自治とよぶ。

　弁護士会の懲戒制度は、次のように設計されている。弁護士が非行にあたることをやっているという懲戒の申立ては、所属弁護士会に対して、誰でもすることができる。懲戒申立てがあると、まず弁護士が委員を務める綱紀委員会で審査をおこなう。ここで精査して、懲戒審査をおこなうべき申立のみを選別する。弁護士は紛争にかかわる仕事をしているため、関係者から恨まれることも少なくなく、言いがかりともいえるような不当な申立も多数なされるのである。しかし、不適切と思われる業務をおこなう弁護士も存在し、そうした弁護士への申立ては懲戒委員会へと移されることになる。懲戒委員会は、弁護士だけでなく、裁判官、検察官、学識経験者が委

員として加わっている。懲戒委員会で、対象となる弁護士の審査を
おこない、懲戒に該当するかどうかを判断する。懲戒の種類は、戒
告、業務停止、退会、除名の4種類である。とくに後ろの3つは、
懲戒を受けた弁護士にとって過酷な処分である。

(2) 弁護士倫理が問われる場面

懲戒制度が想定しているような弁護士が品位を問われる場面は幅
広いが、その中心となるのは業務遂行においてであろう。依頼者や
相手方、その他の関係者と接触するなかで、弁護士の振る舞いの妥
当性が問題とされるのである。その態様はさまざまであるが、ここ
では、サラ金債務者受任のモデル・ケースをみてみたい。

40代の甲弁護士は、かつて不動産業を営んでいた知人Aと、
その紹介で同行した貸金業者Bから、「人助けをしてほしい」
と、サラ金債務者の債務整理を懇請された。甲弁護士は、未経験
の業務だったので躊躇もあったが、サラ金が社会問題になってお
り、人助けになるならばと思い引き受けることにした。Bの紹介
で事件はどんどん増えていった。弁護士が代理人となると、あと
は弁護士に任せきりになる債務者や、弁護士費用が払えないので
分割での支払いにせざるをえない依頼者などもいた。弁済計画に
基づいた返済が滞り、途中で連絡が取れなくなる依頼者なども出
てきた。しかし、多くの事件では、無事に返済も終わり、債務者
からはとても感謝された。

甲弁護士がサラ金の債務整理をあつかうようになって1年も
たつと事件数はずいぶん増えた。そんなある日、ある依頼者から

「先生、Bさんに対する手数料はどういうふうにしたらいいんでしょうか」と尋ねられた。甲弁護士は何のことは分からず不審に思って調べてみると、依頼者たちのなかにBに紹介手数料を支払っているものがいることが分かった。甲弁護士は、その後はBとの関係を断ってBからの紹介は受けず、サラ金債務者の債務整理事件も受任しないという対応をした。

しかし、しばらくすると、あるサラ金業者から甲弁護士の所属している弁護士会に対して、甲弁護士の懲戒申立てがなされた。甲弁護士は、債務の返済に窮している債務者たちの事件の周旋をBから受け、Bに自己の名義を使用させて債務整理の法律事務を行わせたというのである。甲弁護士は、綱紀委員会、懲戒委員会で憔悴したようすで狼狽しながら「Bが手数料をとって周旋していることは知らなかった。それを知っていれば受任しなかっただろうし、現にそれを知ってからはBから事件を受けていない。」と弁明した。

以上は、新堂幸司『民事訴訟法学の基礎』で挙げられているモデル・ケースであるが、新堂が弁護士会の懲戒委員としての経験をふまえたものであり、現実味の強い内容であると考えてよいだろう。この事案では、報酬を得て依頼者を周旋しようとする無資格者（事件屋）と提携する「客引き」のようなことは弁護士にふさわしくないという理由で、甲弁護士の行為が懲戒審査にかかっている。もちろん無資格者が法律事務をおこなうことは禁止されており、法律事務は弁護士が独占することになっているのである。

それでは、このような弁護士の行為が懲戒にかかるということは

どのように考えたらよいのだろうか。まず、非弁提携が「弁護士の
品位を損なう」行為であり懲戒を受ける可能性が高いとなると、甲
弁護士のように、そのような事件は受けないということになりそう
である。しかし、それによって苦しんでいる多くの債務者が行き場
を失うであろう。近年、弁護士は厳しい競争のなかにあり、弁護士
自身が顧客獲得をねらって新しい試みに挑戦していこうとしてい
る。そうした中で、すでにみたように法律事務所内では無資格者で
ある法律事務員と協力しながら、効率的に質の高い法的サービスが
提供されてきている。法律事務は、一般に依頼者の財産に損失を与
えかねない業務であり、相応の知識能力を必要とするとしても、依
頼者との接触はすべて弁護士がしなければいけないというわけでは
ないであろう。

　また、懲戒申立ては誰でもおこなうことができることから、この
事案では、高利で貸しつけた債務者に過酷な取り立てをするような
貸金業者から、弁護士の品位が問題視されているのである。誰でも
が懲戒申立てをおこなうことができるのは、弁護士の業務が公共的
性格をもっているからであると説明される。そうした側面もあるの
であろうが、無関係な者から「品位を損なう」という理由で懲戒申
立てが可能であるという制度のあり方は、それに加えて法律事務を
独占する正当性を維持しようという考えに由来するのではないだろ
うか。そうした観点は、具体的な懲戒事件において妥当なのかどう
かについて考えてみる必要がある。

　利用者が適正な法的サービスを受ける環境を整備するためには、
非弁禁止と表裏にある弁護士の法律事務独占について、よりきめ細
かい検討が必要になっているのである。

(3) 弁護士の規律の諸問題

　現実的に考えれば、弁護士が不適切な業務をおこなっている疑いがでてくることは避けられない。司法制度改革により利用者との接点が増えれば、さらに弁護士に対する不満が顕在化するようになるだろう。現在の日本の社会状況で、弁護士の適切な法的サービスの提供を制度的に確保することができるかについては、具体的に次のような問題が指摘されよう。

　第一に、弁護士は、顧客を獲得するために、これまで取り組んでこなかったような工夫や行動もしながら仕事をつくっていかなければならなくなった。従来のように依頼者が法律事務所に訪れるのを待っているだけでは事務所を経営していくことができない。積極的な取り組みのなかでは、依頼者にとっては深刻な刑事事件を、大量に機械的に処理して利益を出そうするような刑事事件「専門」の法律事務所が、通常の多くの弁護士であれば確保できる依頼者の利益を損ねるというようなことも発生しかねない。そうした弁護士の業務が、依頼者に損失をもたらす質の低い法的サービスになることが危惧される。

　第二に、若手の弁護士がさらに厳しい業務環境におかれることになる。多くの弁護士が厳しい市場競争のなかにあり収入も減少しているため、いかに事務所のコストを削減し経営を安定化させるかに関心が集中する。そうした弁護士は、若手を人件費のかかる勤務弁護士として雇用することに消極的になる。弁護士業務は、人々の利害対立をあつかうのであり、人間や状況を見る目をもち、重要なタイミングでの適切な決断ができることが求められる。こうした弁護士に固有の身のこなしは、剣が峰を潜り抜けてきた先輩の弁護士の

所作をそばでみて覚えるものであろう。しかし、若手にとってそのような機会が減少していっているのである。司法試験に合格してすぐに独立せざるをえない弁護士も出現している。こうした弁護士は、十分な自覚なく不適切な業務をおこなってしまう危険がある。

　第三に、こうした状況に対して、弁護士会として十分な取り組みがなされているかは明らかではない。まず、懲戒委員会自体の問題がある。懲戒委員となっている弁護士は、通常は安定した経営環境にあるのであろう。そうした委員が、懲戒の場に出てくる対象弁護士の置かれている状況まで理解することはなく、特定の行為に高邁な弁護士の品位から判断をおこなうことがないとはいえない。また、そうした意見も多様な意見の一つであればむしろ重要ではあるが、その他の多様意見が出てくる委員会運営がなされているかも明らかではない。さらに、懲戒委員会で懲戒することで、必ずしも非行を行う弁護士の活動が是正されるとはいえない。経営不振や弁護士業務についての不理解などそれぞれに適合した支援もおこなわないかぎり、同じ弁護士によって非行が繰り返されることが危惧されるのである。

4　おわりに ● ● ●

　法専門職はプロフェッションとよばれてきた。しかし、弁護士は、そこでは等閑視されている経済的基盤を現実に安定させなければ、業務をおこなっていくことはできない。そのためには、利用者への接近を考えざるをえないのである。弁護士人口の増員は、現実にそれをうながした。それによって、利用者にとっては、法的サービスを受けやすい社会条件ができてきたといえよう。

　しかし、この変化は、弁護士の業務の拡大および多様化をもたらす。あたらしい弁護士の業態のなかには、不適切なものや従来の弁護士の感覚にはあわないものもでてくるであろう。今後、そうした弁護士活動の妥当性が問題になってくると推測される。そうしたなかで、従来の公共性を背負って法律事務を独占していた弁護士のあり方も、人びとにとって法がより近く使いやすいものになるのかどうかという観点からもみなおしていく必要がある。

〈参考文献〉
棚瀬孝雄『現代社会と弁護士』（日本評論社、1987 年）
和田仁孝『民事紛争処理論』（信山社、1994 年）
新堂幸司『民事訴訟法学の基礎』（有斐閣、1998 年）
中村治朗『裁判の世界を生きて』（判例時報社、1989 年）
佐藤岩夫・濱野亮編『変動期の日本の弁護士』（日本評論社、2015 年）
麻田恭子・加地修・仁木恒夫『リーガルコーディネーター』（信山社、
　　2005 年）
小島武司・柏木俊彦・小山稔編『テキストブック現代の法曹倫理』（法
　　律文化社、2007 年）

第11章
法律家・当事者
コミュニケーション

1　法とコミュニケーション

(1)　コミュニケーションとしての法

　法律学の講義やテキストでは通常、はじめから「法的なトラブル」ないし「法律問題」が提示される。たとえば、高齢者 A が詐欺的な訪問販売の被害にあったケース、医療事故の被害者 X が医者 Y1 および病院 Y2 に対し不法行為に基づく損害賠償請求を行った事例、といった形で、わたしたちに、法律（法解釈論）を学習するための素材があらかじめ与えられるわけである。

　しかしながら、実際には、「法的なトラブル」ないし「法律問題」が前もって存在するわけではない（⇒第2章参照）。当事者が自身の法的なトラブルの存在に気付いていない場合に、当事者と話をした家族や知人・友人などの周囲の人がその存在に気付いて、法的トラブルが顕在化することがある。あるいは、当事者が弁護士等の法専門職に相談する中で、自身の抱えるトラブルについて法的な請求が可能であることを知ったり、逆に、法的に対応できないことを知っ

たりすることもある。裁判員裁判では、裁判官と裁判員間の評議
（議論）を通して法的事実が認定され、法の適用がなされる。

　こう考えると、〈法〉という現象はまさに、人々の「コミュニ
ケーション」を通して生起・流動し、確定していることが分かる。

(2) 法的コミュニケーションへのアプローチ

　〈法〉にかかわるコミュニケーションにはさまざまな種類のもの
があるが、法社会学は特に、法律家と当事者間のコミュニケーショ
ンに着目してきた。それは、両者間のコミュニケーションを研究す
ることが、法律家や法制度の実態・あるべき姿を明らかにすること
につながるからである。法律家と当事者間のコミュニケーションに
かんする研究としては、大きく分けて4つのアプローチがある。

　第1は、紛争解決機関で得られた「解決結果」に着目して、そ
の解決結果に両者のコミュニケーションがいかに関連しているかを
探究するものである。たとえば、仲裁の成立／不成立と受任弁護
士・当事者間のコミュニケーションの質（良し悪し）との関連性を
分析する研究や、民事訴訟における和解率と裁判官・当事者間のコ
ミュニケーションの程度（「裁判官からの和解促進の強度」など）と
の関連性を分析する研究がある。

　第2は、法律家や当事者が内面的に支持する「価値・判断基準」
に着目して、法律家ないし当事者が他方とコミュニケーションを交
わすさいの特質を類型化し、その関連要因を探究するものである。
たとえば、法律相談において弁護士が当事者（依頼者）に法的情報
を伝達するさいのコミュニケーションの類型（「バランス重視型」「円
満解決型」など）を抽出し、それらの類型と弁護士歴との関係性を

分析する研究がある。

　第 3 は、当事者の法律家（あるいは法律家から提供されたサービス）に対する「満足度・有益性の評価」に着目して、その評価に、コミュニケーション的要素がいかに関連しているかを探究するものである。たとえば、相談機関・ADR・裁判を利用した当事者の弁護士ないし裁判官に対する満足度とコミュニケーション要因（弁護士・裁判官の「傾聴」「丁寧さ」など）との関連性の有無やその他の要因との相互関係を分析する研究がある。

　第 4 は、法律家と当事者間の「コミュニケーションそれ自体」に着目して、コミュニケーション・プロセス（相互作用）における法律家と当事者の発話やふるまいを探究するものである。このアプローチは主として、実際のあるいは模擬形式の法的場面における両者間の「現在進行形のやりとり」を対象にする。たとえば、法律相談や裁判において、弁護士ないし裁判官と当事者との協調的ないし対抗的やりとりが、両者の会話やふるまいを通して実践的に達成される方法を分析する研究がある（⇒調停・仲裁にかんする研究は第 9 章を参照）。また、取り調べにおいて、検察官が当事者（被疑者）から虚偽自白を引き出していくプロセスを分析するといった研究もある。本書の重視する「臨床的アプローチ」は主として、この第 4 のアプローチに属する。

　以上のように、法律家・当事者コミュニケーション研究にはさまざまなものがあるが、本章では、法律家のうちとくに「弁護士」をとりあげて、弁護士と当事者間のコミュニケーションにかかわる法社会学的知見や臨床的アプローチの一端をみていくことにしたい。

2　弁護士・当事者コミュニケーション ● ● ●

(1)　弁護士評価・依頼におけるコミュニケーション

　弁護士の存在意義やパフォーマンスの向上を考えるうえで、弁護士・当事者間のコミュニケーションにかんする経験的解明は必須の作業である。『弁護士白書　2021年版』によると、全国の弁護士会に設置されている「市民窓口」に申し立てられた弁護士への苦情内容は、1位が「対応・態度等（35.9％）」、2位が「処理の仕方（25.2％）」であり、「コミュニケーション」にかかわる苦情が多数を占めている。「終結結果への不満（4.8％）」といった「結果」にかかわる苦情は僅かに過ぎない。つまり、弁護士の評価を左右するのは、トラブルの「解決結果」以上に、トラブルの「処理過程」＝「コミュニケーション・プロセス」である可能性がある。

　実際、2000年代半ばに行われた大規模調査によると、弁護士等の専門的支援者・機関に対する有益性の評価や満足度には、法律その他の「専門的知識」の有無よりも、「言いたいことを十分に言わせてくれた」「助言や支援の内容を丁寧に説明してくれた」「効率的に応対してくれた」といったコミュニケーション要因が影響を与えていることが分かっている。また、別の調査からは、当事者が弁護士に依頼するさいの考慮事項として上位を占めるのが、「きちんと説明してくれること」「親身に対応してくれること」「話しやすさ」といったコミュニケーション要因であることも明らかとなっている。

　これらのことが示すのは、弁護士活動やその評価の基礎には、当事者とのコミュニケーションがあり、弁護士の持つ高度な法的知識

が当事者にとって有用となるか否かもまた、コミュニケーションの
あり方に依存するということである。

✍(2) 弁護士関与モデル

では、弁護士と当事者には、どのようなコミュニケーションのあ
り方がありうるだろうか。弁護士の当事者（クライアント）に対す
る関与の仕方については、4つの理念モデル（弁護士関与モデル）が
ある。この理念モデルに即して、弁護士と当事者間のコミュニケー
ション・プロセスのあり方を考えてみよう。

(i) 法的問題解析型関与モデル

「条例や判例の構造を知悉した法の専門家として、クライアント
の抱える問題の中から法的問題を抽出、解析し、法的解答を見いだ
す」ような形での関与モデルである。このモデルでは、当事者が自
己の直面しているトラブルの事実ないし出来事を語り、弁護士が法
的な要件事実を意識しながら事実関係を聴取して、法的診断を与え
る、といったコミュニケーション・プロセスが目指されることにな
る。

(ii) 具体的問題解決型関与モデル

「紛争の個別具体的な状況やコンテクストを考えながら、クライ
アントの求める具体的要求・主張を実現可能なものに再構成し、解
決を導く」ような形での関与モデルである。このモデルでは、当事
者が自己の直面しているトラブルに関する具体的要求・主張を語
り、弁護士が当事者の置かれた人間関係、経済的状況、心理的状態
などの多元的側面を意識しながら個別具体的情報を聴取して、法的
診断に限定されないより総合的・現実的な観点からの助言を行う、

といったコミュニケーション・プロセスが目指されることになる。

(iii) ニーズ応答型関与モデル

「クライアントの真のニーズを充足できるような方向を模索する」ような形での関与モデルである。このモデルでは、当事者と弁護士は、トラブルの背景事情まで含めた語りや情報共有を進めるなかで、当事者の具体的要求・主張の基底にあるニーズを発見し、ニーズ充足のための選択肢をともに模索してより望ましい解決方法を協働的に創りあげていく、といったコミュニケーション・プロセスが目指されることになる。

(iv) カウンセラー型関与モデル

「情緒的な不安や怒り、悲しみを抱えているクライアントの感情的葛藤の部分にも配慮し、クライアントが紛争を乗り越え、新たな生活に積極的に臨んでいけるように援助することを目指す」ような形での関与モデルである。このモデルでは、当事者が自己の感情や思いを語り、弁護士がそれらすべてを肯定、共感、受容していくことで当事者の緊張をほぐし、当事者が自身の状況を冷静に理解したりその理解を更新していく、といったコミュニケーション・プロセスが目指されることになる。

従来の日本においては、「弁護士はプロフェッションである」との強い認識から（⇒第10章参照）、法専門性を基軸とする「法的問題解析型関与モデル」が支配的であった。しかしながら、こうしたプロフェッションとしての弁護士像やそれに基づく関与モデルは、「弁護士が当事者に法の枠組を強制して、当事者の声を抑圧し、当事者の手から問題をとりあげてしまう危険性」があるとして、今日では一定の批判や修正が加えられている。

⌕（3） 臨床的アプローチの例

　臨床的アプローチは、こうした批判を、研究者の観念的思考の中にではなく、個々の現場での「当事者のミクロな抵抗」の中に見いだしてきた。この点を、弁護士・当事者コミュニケーションの典型である「法律相談」を例に確認してみよう。以下のやりとりは、相談の開始部分において、相談者（当事者）が「主人と離婚したい」という気持ちを述べたあとの、弁護士と相談者間の会話の一部である（「L：」に続く発話は弁護士の発話を、「C：」に続く発話は相談者の発話を指す）。

> 1C：私はこれまでずっと我慢してきたんです。主人の横暴に。
> 2L：暴力ですか？でしたら慰謝料の請求が、
> 3C：あっ、いえ、あの……いうなれば心の暴力です。
> 4L：心の暴力ですか？
> 5C：これまでずっと軽んじられてきたんだと思うんです。主人に。
> 6L：具体的にお話いただけますか。どう軽んじられてきたのか。その心の
> 7 ：暴力が、いつ、どのような形で、どの程度の頻度で加えられたのか。
> 8C：どうお話すればいいのか……。

　以上のやりとりから顕著なことは、弁護士が、相談者の抱えるトラブルを「法的に縮減された形に加工する」という働きかけを行っているということである。第 1 に、相談者が 1C の発話で示したトラブルの定義（「主人の横暴」）に対し、弁護士は、2L の発話において「暴力」と言い換えたうえで、「慰謝料請求」といった法的助言へとスライドさせている。第 2 に、弁護士は、この「慰謝料請求」という法的助言が、後続の相談者の発話（3C）において失敗したのを感知したのち、今度は、ある特定の「語り方」に即した情報提供

を相談者に要請している（「7：いつ、どのような形で、どの程度の頻度で」）。これは、弁護士が、法的事実の証明にそうような整序された語りを行うよう、相談者に促しているものと推測される。

　以上のような弁護士の働きかけに対し、相談者は、その働きかけをいわば「ゆるがす」発話を行っている。第1に、相談者は、弁護士による「慰謝料請求」の発話の直後に「割り込み」を行うことで（「3C：あっ」）、弁護士の発話を中断させ、この「慰謝料請求」という叙述が相談者にとって新奇な意味合いをもつことを示唆している。加えて、相談者は、弁護士によるトラブルの定義（「2L：暴力」）を尊重しながらも、その定義に新たな叙述を付加することで（「3C：いうなれば心の」）、弁護士による問題設定を微細にゆるがしている（その結果、弁護士は、6L&7の発話で、相談者のトラブルの定義（「3C：心の暴力」「5C：軽んじられたきた」）を受容している）。第2に、相談者は、上述のとおり弁護士から一定の「語り方」に即した情報提供を期待されたにも関わらず、後続する8Cの発話において情報提供を行わず、「語り方」への困惑を主張している（「どうお話すればいいのか」）。これにより、弁護士の要請・期待した「語り方」の指定が、相談者にとって不適切なものであるとの印象を作り出している。

　このように、相談者は、弁護士とのコミュニケーションを介して、弁護士による「慰謝料請求」という問題設定が当事者にとって真の問題を反映しない法的処理であること、整序された「法的な語り方」が自身のトラブルを表現するには限定的・矮小化されたものであることを暗示して、弁護士への抵抗を試みていることが分かる。

　もちろん、法律相談において、弁護士による「法的加工」（＝法的観点や整理枠組の提供）が不必要であるというわけではない。むしろ相談者は、そうした弁護士の判断や助言を期待していると考えられる。しかしながら、この例の弁護士のように、相談者の抱えるトラブルを最初から法的に判断・整理して「法的加工」を一方的に与えていこうとする場合、相談者は法的観点や整理枠組を十分に咀嚼できず、その結果、弁護士による「法的加工」は相談者にとって非実効的・外在的・抑圧的なものと映る可能性がある。そのため、弁護士はまず、相談者の視点を疑似的に共有し、その社会的・関係的・情緒的状態への共感と配慮を示していくことが必要だといわれる。

3　当事者中心のコミュニケーション実践　●　●　●

(1)　リーガル・カウンセリング

（i）リーガル・カウンセリングの理論

　以上のような議論は現在、「リーガル・カウンセリング（自立支援型法律相談）」論として展開されている。リーガル・カウンセリングとは、臨床心理学の分野で提唱された「クライアント中心アプローチ」の要素を法律相談に取り込んだもので、「単に法的問題分析や助言に限らず、それも含めて、弁護士がクライアントのニーズと向き合い、クライアントが納得しエンパワーされるようなコミュニケーションのあり方」をいう。リーガル・カウンセリングは、法律相談を、弁護士・当事者の垂直関係を前提にした「リーガル・コンサルテーション（情報提供型法律相談）」、すなわち「弁護士が問題整理と処理を行い当事者に法的解決を与える」場としてみること

を否定し、両者の水平関係を前提に、「当事者自身が自分の問題認識と法的観点を主体的に織り合わせ問題処理をしていけるように弁護士が支援する」プロセスとして捉える。先に説明した弁護士関与モデルでいえば、「法的問題解析型関与モデル」を中心とするコミュニケーションのあり方から、4つの弁護士関与モデルを当事者のニーズ・状況に応じて的確に組み合わせる当事者（クライアント）中心のコミュニケーションのあり方への転換を志向するものといえる。

　もとより、臨床的アプローチからすると、以上のように弁護士と当事者間のコミュニケーションを当事者の視点から批判的に記述・分析するだけでなく、それを「実践につなげる」ことも肝要となる。そこで、リーガル・カウンセリング論は、理論（理念・価値）を個々のローカルな現場で遂行／検証できるよう、当事者中心のコミュニケーションのあり方についてより実践的なレヴェルでの提言を行っている。具体的には、視線や身体言語などのふるまい方、質問の仕方、感情の反映の仕方、助言・指示の仕方などにかかわる面接技法を示すとともに、面接技法の意味・限界を考えるための素材（スキルプレイやロールプレイの事例）を提供するなどして、徹底した「現場志向」を貫いている。

(ii) リーガル・カウンセリングの実践

　それでは、リーガル・カウンセリングとは具体的にどのような実践であろうか。以下では、リーガル・カウンセリングを学んだ弁護士が、「それを学習したからこそ、処理できた」と評したケースの一つを紹介しておこう。

　相談者は、夫（A）を亡くした 80 代後半の女性である。自宅にかんする相談があるといい、弁護士事務所を訪れた。具体的な相談内容は、「自宅の土地・建物の名義が A になっており自分に変更したいが、A の遺書はなく、どうしたらいいか」というものであった。A の相続人は、相談者と A の弟（B）のみである。

　弁護士が相談者に自宅の名義変更を望む理由を尋ねたところ、「いままでずっと住んでいた自宅で、老後も安心して暮らしたい」ということだった。弁護士は、相談者の不安を解消するにはまず、相続の手続を進めるべきだと考え、自宅の名義変更には「遺産分割協議」が必要で、B の合意が必要だと説明した。すると、相談者は、B とは「少し折り合いが悪い」ので話し合いは難しいという。そこで、弁護士は、「遺産分割調停の申立て」について説明し、相談者本人もそれを望んだため、申立てのための準備を整えた。ところが、申立てをする寸前になって、相談者がストップをかけてきた。相談者は、B との関係がさらに悪化するのが心配になってきたという。弁護士は相談者から再度、話を聴いたところ、相談者は「A が亡くなった直後には、自分の中で相続の問題がクローズアップしていたため、自宅を手放さずにすむどうかが心配であったが、その後、自分が困ったときに相談できる人がいないということが、老後の 1 番の心配事であったことに気付いた」という。

　弁護士は、相談者の抱える不安・問題を解決するために必要なのは、相続の手続ではなく、任意代理契約ないし任意後見契約である、ということに気付き、相談者と話し合って、ひとまず任意代理契約を結んだ。現在、相談者は老人ホームに入所して、元気

に過ごしているという。弁護士が相談者の老人ホームへの入所を
サポートしたのは、相談者の足腰が弱くなり、段差のある自宅に
住むのが難しくなってきたためである。相続の問題は今後、相談
者と一緒に少しずつ取り組んでいくつもりであるという。

　以上のケース処理においては、次の特徴がみられるであろう。第
1に、弁護士は、「そのときその場」での相談者の声（希望やニーズ）
に向き合い、先の4つの弁護士関与モデルを組み合わせながら処
理を進めている。①まず、当初の相談では、「老後に自宅で安心し
て暮らしたい」という相談者のニーズや「相談者とB」との人間関
係を踏まえた、遺産分割にかんする助言・処理を行っている（「ニー
ズ応答型関与」＋「具体的問題解決型関与」＋「法的問題解析型関与」）。
②その後の相談では、「老後に安心して相談できる人が欲しい」と
いう相談者のニーズに基づき、「任意代理契約」にかんする法的助
言・処理を行い（「ニーズ応答型関与」＋「法的問題解析型関与」）、③
最終的には、相談者の身体的状況に照らした老人ホームへの入所を
支援している（「具体的問題解決型関与」）。④さらに、以上のような
全過程を通じて、相談者は、老人ホームでの新しい生活に臨み、相
続の問題に取り組んでいけるようエンパワーされている様子が伺わ
れる（「カウンセラー型関与」）。

　第2に、本ケースでは、相談過程を通じて、相談者（と弁護士）
の認知変容の過程が促進されている。相談者の老後の心配は、自宅
の相続に関する問題から相談相手の有無の問題へと推移し、また、
相談者にとっての安心な暮らしは、自宅でのそれから老人ホームで
のそれに変遷している。こうした認知変容は、弁護士が相談者に法

的枠組を「押し付ける」ことなく、そのときその場での相談者の主体性（「声」）を尊重して法的な支援を行おうとする構えをもつことで可能になっていると考えられる。リーガル・カウンセリングの実践はこうして、相談者について「理解の途上に留まり続ける」ことで達成されている。

　もっとも、このケースにおいて、弁護士がリーガル・カウンセリングの面接技法をいかに用いたのか、また相談者はそれをどう受けとめたのかについての詳細は不明であり、検討の余地がある。臨床的アプローチからすると、面接技法の適用実践のプロセスを検証・評価することも必要不可欠であろう。また、こうした適用実践が、弁護士事務所の運営といった制度的・組織的側面からいかに可能になるのかを探究することも重要である。

(2) 弁護士実務・評価の変遷

　さて、以上のような「リーガル・コンサルテーション」から「リーガル・カウンセリング」への転換は、ここ数十年の弁護士実務において、一定程度定着したようである。2001 年に提出された司法制度改革審議会意見書（以下「意見書」という。）において、弁護士には、「身近で、親しみやすく、頼りがいのある存在」「国民との豊かなコミュニケーションの確保」といった役割期待が明示された。その後、2006 年と 2017 年に日本で行われた大規模調査を比較すると、弁護士に対するコミュニケーション要因の評価は上昇し、また満足度・有益性の評価も上昇している。

　司法制度改革に伴う法曹養成制度の変革（⇒第 10 章参照）が、弁護士・当事者コミュニケーションのあり方に変容を生じさせたのか

もしれない。弁護士年齢が若くなるほど、当事者は「言いたいこと
を言いやすくなる」という指摘もあり、法科大学院におけるリーガ
ル・カウンセリング等の臨床法学教育の成果との関連性も推測され
よう。こうした弁護士実務・評価のマクロな変動がなぜ生じるのか
を解明することも、法社会学的テーマとなる。

4　法律家・当事者コミュニケーション研究の 課題　● ● ●

　本章では、弁護士と当事者間のコミュニケーションにかかわる法
社会学的知見や臨床的アプローチの一端を確認してきた。それで
は、弁護士以外の法律家と当事者間のコミュニケーションについて
はいかに理解すべきであろうか。また、法律家・当事者コミュニ
ケーション研究の更なる展開に向けて、いかなる法社会学的課題が
ありうるだろうか。ここでは、コミュニケーションの「主体」とコ
ミュニケーションの「空間・時間」という、2つの側面から考えて
みたい。

(1) コミュニケーション主体の多様性
(i) 法　律　家
　①法曹三者　　法律家の代表格である「法曹三者」には、「弁護
士」以外に「検察官」と「裁判官」とがある。まず、検察官につい
てであるが、現在のところ、検察官と当事者間のコミュニケーショ
ンにかんする法社会学的研究には充分な蓄積がなく、紙幅の制約
上、その紹介を省略する。以下では、裁判官と当事者間のコミュニ
ケーションにかんする議論をごく簡単に紹介しよう。

　1990 年代初め頃より、裁判官（の役割・機能）を、法を事実に適用して判決を下す「法的判断者」と捉えるのではなく、紛争当事者たちが自分たちの関係づくりの手がかりを主体的に模索するのを援助する「交渉促進者」と捉える見解が示されるようになった（⇒第14 章参照）。ある研究では、少額訴訟において、裁判官が当事者双方間の発言の機会を公平に配分しながら「議論の筋道」を設定し、当事者（原告・被告）間の対話を活性化していくコミュニケーション・プロセスが詳らかにされている。

　その後、2000 年から数回にわたって行われた民事訴訟の利用者調査では、裁判官の利用者評価においては当事者の「価値観理解」や「信頼性」といった要素が重要であり、その「信頼」を導くためには、「傾聴」「丁寧さ」といったコミュニケーション的要素が重要であるとの分析が示された。さらに、上述の「意見書」では、弁護士のみならず裁判官にも、法曹として国民と「豊かなコミュニケーション」「十分かつ適切なコミュニケーション」をとることが求められている。

　以上の動向を踏まえると、裁判官についても、本章の弁護士の議論（当事者中心のコミュニケーション実践）をあてはめることが少なからず可能であるように思われる。もちろん、2 者関係を中心とする「法律相談」の議論を、3 者関係を中心とする「裁判」の議論に直接適用することには、一定の留保を付すべきであろう。また、上述の「価値観理解」「傾聴」「丁寧さ」といった諸要素が個々の裁判の場でいかに達成されるのかについては、裁判官・当事者のコミュニケーション自体を記述・分析する必要がある。そのさいには、裁判官、当事者、弁護士のほか、書記官、証人、聴衆等の多様な主体

間のコミュニケーションを念頭に置く必要があろう。

　② 隣接法専門職等

　本章の議論は一般に、弁護士と同様、コミュニケーションを介して当事者を法的に支援する隣接法専門職（司法書士、行政書士、弁理士、社会保険労務士、土地家屋調査士など）やその他の専門的支援者・支援機関（警察、消費生活センター、労働基準監督署など）、法律事務員（⇒第10章参照）にも妥当する部分があると考えられている。もちろん、弁護士と隣接法専門職等のあいだには当事者支援という共通点だけでなく相違点（独自の意義・機能）もあるが、それらを浮き彫りにするうえでも、隣接法専門職等と当事者間のコミュニケーションの解明は重要な課題であるといえる。

　また、今日では、司法ソーシャルワーク（⇒第7章参照）のように、法律家、行政職員、福祉職員といった複数の法的支援者が、関連する問題処理のためにネットワークを組んで、当事者の問題解決を連携・協同して行うといった法的支援形態が浸透し始めている。そうしたネットワークにおける複数の支援者と当事者間のコミュニケーションの究明も必須の課題であろう。

　(ii) 当　事　者

　本章においては「当事者」を、トラブルや問題を所有する「個人」として素朴に措定し議論を進めてきたが、近年、そのような理解への疑問が提起されている。たとえば、家族をめぐるトラブルにかんしては、個人単位というより家族を一つの単位として発生／対応しているのであり、トラブルや問題を所有するのは「集団（家族）」であるとの指摘がある。今後、法律家・当事者のコミュニケーション研究を進めていくうえでは、法律家側の主体の多様性はもち

ろんのこと、当事者側の主体の多様性も視野におさめる必要があ
る。

(2) コミュニケーション空間・時間の多層性

　さらに、臨床的アプローチからすると、「主体」の多様性だけで
なく、「空間・時間」の多層性を研究の視野におさめる必要があ
る。当事者の視点にたつならば、法律相談・ADR・裁判といった、
いわば一時の「閉じた」法的場面でのみ法的コミュニケーションが
行われるわけでない。たとえば、当事者は、法律相談・ADR・裁
判における法律家の利用後に、その過程や結果を家族や知人等に伝
えたり、トラブルの相手方と（再）交渉したりすることがある。当
事者は、そうした空間的・時間的に「開かれた」コミュニケーショ
ンとの接続のなかで、法律家とのコミュニケーションの過程・結果
を予期し、見直し、その解釈を更新していくと考えられる（⇒第6
章、第8章参照）。

　臨床的アプローチのように、真に当事者の視点から法律家・当事
者コミュニケーションのあり方を考察しようとするならば、以上の
ような「閉じた」コミュニケーションと「開かれた」コミュニケー
ションとの連続性・関連性についてより一層の検討を推し進めてい
くことが求められるのである。

〈参考文献〉
　樫村志郎「法律相談における協調と対抗」棚瀬孝雄編『紛争処理と合
　　意——法と正義の新たなパラダイムを求めて』（ミネルヴァ書房、
　　1996 年）209-234 頁

樫村志郎・武士俣敦編『現代日本の紛争処理と民事司法2 トラブル経
　験と相談行動』（東京大学出版会、2010年）

木下麻奈子「弁護士と依頼者間のコミュニケーション構造」判例タイ
　ムズ1101号（2002年）25-31頁

中村芳彦・和田仁孝『リーガル・カウンセリングの技法』（法律文化
　社、2006年）

仁木恒夫『少額訴訟の対話過程』（信山社、2002年）

菅原郁夫・山本和彦・垣内秀介・石田京子編『民事訴訟の実像と課題
　――利用者調査の積み重ねが示すもの』（有斐閣、2021年）

和田仁孝『民事紛争処理論』（信山社、1994年）

◆ 第3部 実定法学との対話

● 第 12 章 ●
交渉過程と臨床的アプローチ

　「交渉」といえば、どのような場面を想起するだろうか。例えば、ビジネスでの交渉、労働組合と使用者との交渉、国家間の和平交渉、テロリストとの交渉など、ニュースの見出しになるようなシチュエーションが思い浮かぶのではないだろうか。

　しかし、われわれの日常生活においても、交渉は常に登場している。幼い子どもが母親の買い物についていき、「お菓子買って」と要求し、母親から「また今度ね」と言われ「いやだ、今買って」というように、自分の要求に従わせようとするのも交渉の場面である。また、ゼミの幹事を誰にするか、コンパの場所をどこにするか、どこで合宿をするか、どのような催しをするか、など、多人数の話し合いの場面も交渉の場面と言えよう。意識していないかもしれないが、これまでの人生において様々な交渉の場面に遭遇しているはずである。

　もちろん、法的な紛争予防、紛争解決の場面も交渉の場である。取引を始めようとする当事者間での駆け引きの場面や、契約締結までの間に様々な条件について協議する場面も交渉であるし、契約締結後に紛争が生じた場合にその解決を行う場面も交渉である。ま

た、交通事故に遭遇した場合に、相手方や保険会社と話し合いをする「示談」の場面や、当事者間だけでなく紛争解決のために第三者が関与する調停や訴訟においても、常に交渉が行われている。たとえ訴訟になったとしても、民事の場合、約半数のケースが「訴訟上の和解」で解決され、また、裁判外で和解が成立したと考えられる「訴え取下げ」で終結するケースも多い。アメリカのロースクールで、「Negotiation」という科目が半ば必修科目として課されるのも、法律家の仕事が交渉による和解的解決を目的とする傾向にあるためである。

　本章では、このように広く概念できる交渉について、その基礎理論を概観した上で、実際のケース（諫早湾干拓紛争）を交渉理論の観点から検討する。

1　交渉の基礎理論　● ● ●

(1) オレンジをめぐる姉妹の争いと交渉類型

　交渉を学問として扱った先駆といえば、ハーバード大学ネゴシエーション・プロジェクトのメンバーであるフィッシャーとユーリーによる『Getting to Yes』（1981 年。日本では 1982 年『ハーバード流交渉術』として出版された）があげられる。有名な「オレンジをめぐる姉妹のけんか」の例も、本書によるものである。事案としては簡単なもので、1 個のオレンジを取り合って姉妹がけんかしている。どのようにして解決すればよいだろうか、というものである。

　実際に、姉役と妹役になって紛争をやってみると面白い（もちろん、それぞれに事情を設定しておく必要があるが）。それぞれ自分が先に見つけた、とか、姉はいつも我慢させられているから自分がオレ

ンジを取るべきだ、妹はいつも姉のお下がりばかり使わされているから今日は譲らない、などと正当化を行うであろう。また、少し正義論を学んだ学生ならば、どちらか一方が半分に切り、もう一方が好きな方を取る、といった考え方を出したりもする。

このような争いの様相は、限られた大きさの利益を当事者が分配するために両者が競い合う交渉である分配型交渉（win-lose 交渉、ゼロサム交渉、敵対型交渉ともいう）と言えるだろう。しかしこのオレンジをめぐる姉妹の例は、実はそれぞれ「オレンジが欲しい」という事象の背後にある動機が異なるという点を探り当てることにポイントがある。実は、この例では姉は中身を食べたかったのであり、妹は皮を使ってマーマレードを作りたかったというものである。それがわかっていれば、両者は争う必要はなくむしろ双方が満足行く解決を導くことができたはずなのである。

このような、双方の交渉の動機・目的を明らかにして利益の最大化を目指して協力し合うことで、利益を新たに創造し、それを獲得していく形の交渉は、統合型交渉（win-win 交渉、問題解決型交渉、協力型交渉）などと呼ばれる。

民事訴訟でこれを当てはめて考えると、原告が被告に提示する「1000 万円支払え」という請求について、被告がそれを認めるか、認めないかという形で争う判決手続での争い方は、分配型交渉ということになる。それに対して同じ民事訴訟であっても、和解手続の場で原告が提示する請求以外のものにまで対象を広げたり（金銭でなく代替物を引き渡す、新たに担保を提供するなど）、時間軸を延ばしたり（分割払いにする、支払いを猶予するなど）することによって解決する場合は、統合型交渉ということになるだろう。

　ハーバード流交渉術では、それまでの交渉がもっぱら分配型交渉を念頭に置きつつ、交渉当事者が敵対し自己に一方的に有利な利益を強要するハード型交渉か、合意に到達することを目的とするあまり相手に迎合するソフト型交渉であったことを批判して、原則立脚型交渉というモデルを提示する。そこでは先に見た統合型交渉を実現するために、交渉当事者を「問題解決者」と位置づけ、①人と問題を分離すること、②立場（Position）ではなく利害（Interest）に焦点を合わせること、③双方にとって有利な選択肢を考え出すこと、④勝ち負けではなく客観的な基準（原則）に基づいて結果を出すことが主張されている。

　もっとも、現実の交渉はこのアプローチをとれば良い、というものではなく、交渉の内容や状況に応じて様々なアプローチをとるべきであると考えられよう。その意味では、この分類は実践的なものというよりは分析的なものであるといえよう。

(2) IPI 分析

　上記の分類が実践的なものではないとはいえ、利害関係がぶつかっているように見える場合であったとしても利害に着目することによって、両者のニーズを満たす解決にいたることがあるという点（上記②）は重要である。このように「利害」を認識するためのスキルが IPI 分析である。

　IPI とは、I＝Issue（紛争で問題となっている課題）、P＝Position（その課題に対する当事者の立場）そして I＝Interest（立場の背後にある利害。ニーズともいう）というものである。先のオレンジをめぐる姉妹の例で当てはめると、Issue は「オレンジの帰属」とか「オ

レンジはどちらのものか」といった表現となるだろう。これについて、姉も妹も Position としては「オレンジは自分のもの」ということになる。一つしかないオレンジを双方が自分のものという Position を採っているがゆえに紛争となっている。この点のみに着目するとこの交渉は、分配型交渉で終わってしまうだろう。そこで、Interest を見てみると、姉は「身を食べたい」、妹は「マーマレードを作りたい（皮が欲しい）」ということであるので、この点に着目すれば身と皮に分けられるのである。

このように、紛争が生じた場合に IPI 分析をし、Interest に着目することが有意義ということになる。しかし、Position と異なり Interest は当初から交渉過程において出てくることは少ない。場合によっては、当事者自身、自分の Interest を把握しかねている場合もある。このため、第三者が関与する交渉の場面では、第三者がいかにこれを聞き出すか、また、当事者本人に認識を促すかが重要となる。メディエーション（Mediation）の技法において、傾聴が重要であることはすでに示されているが（レビン小林久子『調停者ハンドブック──調停の理念と技法』1998 年）、第三者が関与しない交渉においても、当事者双方が互いの Interest に留意して傾聴することが重要であろう。

2 交渉とそのフォーラム ● ● ●

(1) フォーラム・セッティング

以上のような交渉技法は、いずれも紛争解決のためのフォーラムがすでに存在するという前提から始まっている。しかし、現実の社会においては、交渉当事者間に、情報の質や量、資金、交渉力など

様々な格差があるがゆえに、交渉フォーラム——例えば、直接話し合う場合のほか、訴訟などの制度を使う場合もある——を設定すること自体が難しいということもある。

例えば、不当な勧誘や契約条項によって消費者トラブルにあった場合、苦情やクレームを当該企業の窓口に申し入れることはあっても、そこから解約交渉へとつながるケースは少なく泣き寝入りをしていることが多い。また、不当な理由で解雇された労働者が、使用者を相手取ってたった1人で交渉を行うことや、飛行機や新幹線の騒音に悩んだり、原子力発電所に不安を覚える人が、国や大手企業を相手取って交渉をすることにも困難が予想される。

このような状況において紛争解決のためのフォーラムを設定する方法としては、まずは団体を利用することが考えられる。例えば労働組合のように法的に保障された団体の場合、使用者側は正当な理由なく団体交渉を拒否することができない（憲28条、労働組合法7条2号）。そこで不当解雇を主張する労働者は、組合に加入し組合が使用者と交渉することが考えられる。また、消費者が事業者を訴える場面においては、内閣総理大臣が認定した適格消費者団体に特別な権限を付与し、事業者の不当な行為に対して差止請求と被害回復を求める制度もある（消費者裁判手続特例法）。消費者は適格消費者団体に相談・情報提供することにより、適格消費者団体が相手方事業者との交渉を行うというものである。公害等の場合には、同じ被害を訴える者が団体を作ったり、団体を作らなくとも当該問題を解決するために作られた弁護団に解決を委任することによって、相手方と交渉することが考えられよう。

簡易迅速に事案に即した柔軟な解決を提供すると考えられている

ADR（裁判外紛争解決手続→第9章）の利用もありうるが、ADRの問題点は、利用にあたって相手方の同意が必要な点である。例えば裁判所で行われる民事調停（司法型ADR）の場合でも、相手方が制度利用に応じず期日に欠席すれば調停を行うことはできない。交渉フォーラムの設定自体、できないのである。

　この点において、訴訟の場合には、たとえ相手方＝被告が欠席したとしても手続は続行される。被告が一度も出席しなくとも、最終的には原告の主張を自白したとみなされることにより（擬制自白。民訴159条1項）、原告勝訴の判決が出る可能性がある。そのため、被告には「応訴義務」があると考えられており、原告にとって訴え提起は、他の紛争解決手続に比してフォーラム・セッティングのための方法として有用である。たとえ一個人から訴えられたとしても、被告とされた国や大企業は、何らかの応答をしなければならないのである。これを契機として、裁判内外で交渉が始まると考えられる。

(2) 交渉フォーラムの多面的展開

　一つの交渉フォーラムが設定されるまでには、それ以前のプロセスがあると考えられよう。たとえば、消費者トラブルであれば、当該企業の相談窓口への相談や、消費者紛争を扱う国民生活センターへの相談・あっせんを利用することも考えられる。それらによって当事者が納得し、紛争が収束する場合もあるであろうが、納得できず次の場面へと紛争が展開することもある。

　また、訴訟を利用する前提で、仮差押えや仮処分という民事保全手続（訴訟で最終結論が出るまでの間、相手方の財産の処分を禁じた

り、現状を変更できないようにする裁判所での簡易な手続）を申し立てる場合もある。これにより、相手側は訴えを提起されることを察知することができ、場合によっては、訴訟に至るのを嫌って訴えが提起される前に交渉に応じることも考えられる。

　訴訟のようなフォーラムが設定されたとしても、その中だけで紛争が解決するとも限らない。訴訟係属中であっても訴訟外で交渉が展開する場合もあるし、訴訟が判決や和解で終了した後でもそれで紛争解決には至らず、紛争が継続する場合もある。この点、民事訴訟法は確定判決に既判力という効果を認めることによって同一紛争を蒸し返すことを禁止しているが（民訴 114 条）、いわゆる基準時（事実審の口頭弁論終結時）後に生じた新事由を主張することによって新たに訴えを提起することは認められるし（例えば請求異議の訴え。民執 35 条）、判決に再審事由がある場合には、再審の訴えを提起することができる（民訴 338 条）。

　特に、判決や和解によって被告側に何らかの義務負担が命じられたとしても、被告側が任意に従わない場合がある。この時、原告側は義務の履行を求めて民事執行手続を利用することができる。このような場合も、執行手続内外で交渉が行われることも多い。

　以上のように、法的手続は交渉フォーラムの設定および多面的展開の一助となるものと考えられる。

(3) フォーラムとしての裁判手続の限界

　法的手続、特に裁判は強制的に設定される交渉フォーラムと捉えることができるが、そこでの詳細は第 14 章に譲るとして、ここでは以下のことを確認しておきたい。

　かつて、民事訴訟手続においては表の制度としての「法廷での口頭弁論」に対して、和解室や準備室など「裏」で行われる「和解兼弁論」という実務慣行があった。井上治典「交渉の理論から見た弁論の条件」（「交渉と法」研究会編『裁判内交渉の論理』1993年）は、「和解兼弁論」が注目された根源的理由は、現代社会における価値観の多様化・利害対立の深刻化の中で、一元的な価値体系としての権利義務規範で対処できる事件が少なくなっており、そのプロセスに当事者や関係人の意向をくみこみ、要件事実だけに収斂しないふくらみをもったやりとりを実現することによって、はじめて解決案が得られ、当事者の納得も得られるというところにあると指摘していた。そして当事者はそこで実質的な取引・交渉をしているのであり、和解をにらみながら弁論の中で交渉の精神と技法によって訴訟内弁論を作り変え、再編していくという方向性を読み取ることができるとして、和解兼弁論の中で訴訟内外の交渉ルールを統一的に把握すべきと主張されていた。

　しかし、和解兼弁論は、その手続に憲法上の疑義がある（裁判の公開原則。憲82条）などが問題とされ、平成8年の民事訴訟法改正により「争点および証拠の整理手続」として位置づけられた弁論準備手続（民訴168条）へと変わり、裁判における交渉という観点から見れば、「改悪」されたように思われる。そうだとすれば、法的争点にはおさまらないInterestやニーズは、もはや判決手続においては顕出されず、和解や裁判外もしくは裁判後のプロセスですくい上げられる他ない。このことから、交渉という観点からは、裁判外、裁判後のプロセスは、紛争過程の中で、より一層重要であることになる。

3　交渉理論から見る諫早湾干拓紛争　● ● ●

　ニュースなどで有名な事件である諫早湾干拓紛争を、交渉理論の
観点から検討してみよう。この紛争は古くから続いているものであ
るが、1997 年にニュース映像で流れた「ギロチン」映像（潮受け堤
防が諫早湾を有明海から遮断する様子がギロチンのようであった）のイ
ンパクトが強く、また、時代としても環境保全に力点が移り始めた
時代であったため、そこから全国的に注目された。本書の読者のみ
なさんにとっては生まれる前の出来事かもしれないし、すでにそれ
から 20 年以上が経っているのであるが、現在でもこの紛争は続い
ている（詳細については、「特集・諫早湾干拓紛争の諸問題」法学セミ
ナー 766 号（2018 年）参照）。

（1）　フォーラム利用と当事者の団結

　そもそも、この紛争は堤防設置以前、その建設差止めを求める民
事保全および民事訴訟から始まっている。その最中に堤防は完成し
てしまい訴訟における「請求の趣旨」を建設差止めから堤防撤去お
よび予備的な請求としての排水門の開放に変更することになる。

　ここでまず課題となったのはあきらめムードになる漁民を中心と
する原告団をバラバラにせず団結させることであった。国という相
手と交渉するには、やはり一定数の当事者が必要である。この時、
弁護団は、公害等調整委員会に原因裁定の申立てをし、共通の争点
となる因果関係の確定を求めている。このようにフォーラム利用
は、相手方との関係を構築する場となるだけでなく、味方の団結を
促すためにも有益である。

　次に、原告の団結を維持するためには、現実問題として訴訟に勝つ必要がある。そこで弁護団は、これまで裁判所に認められていない環境権などの主張よりは、個別の漁業者の漁業権侵害の主張を強調し、裁判において被害者である漁民のナマの声を伝える意見陳述を徹底的に行っている。この被害者のナマの声が裁判官の心を動かし建設差止めの仮処分発令に結びついたと弁護団は振り返っている。裁判のように第三者（裁判官）が関与する紛争処理の場では、第三者を動かす必要があり、その場合には対立する相手方だけではなく、中立第三者も交渉相手として捉えられることになろう。

　その後、高裁で建設差止めを認めた仮処分が覆され、本案訴訟の方も結審されそうになった際にも、弁護団は裁判所の紛争解決に当事者は納得していないということを示すために、原告を増やす運動を行なっている。200名であった漁民原告が数ヶ月で1500名を超えたことが功を奏したのか、裁判長は即座に結審はしなかった。そして、現地での進行協議期日を行うなど精力的に期日を入れ、結果的には排水門の開門を認める地裁判決を支持したのである。この判決に対して国は上告しなかったので、この判決が確定した。

(2) 交渉の場としての判決後の過程

　民事訴訟法学を勉強していると、このように判決が確定することで「紛争解決」と考えてしまいがちである。裁判所の判決が出たのであるから、当事者はこれに従うと考えるのが普通であるとも思えるからであろう。

　しかし、実際のケースでは、判決によって義務を負った側が任意に履行するとは限らない。義務を負う側が判決に不服である場合

や、金銭の支払いを命じられても十分な金銭を有していない場合など、それには様々な理由がある。

　民事裁判の場合、判決手続と執行手続は分離しているので、判決の不履行があった場合には、勝訴した側が改めて執行手続を申し立てる必要がある。せっかく勝訴したのに、また申し立てをしなければならないのはたしかに負担であるが、第三者である執行機関が関与する次のフォーラムを即時に利用できるのであるから、勝訴判決があることには意味があると言えるだろう。例えば、しばしば見られる金銭の支払いを命ずる判決の場合、裁判所の判決手続には被告側が欠席する場合もあるが、執行手続の場合には執行機関が被告（執行債務者）の給料債権を差し押さえたり、自宅内の動産を差し押さえるために債務者宅を訪れたりする。このような執行機関の行為をきっかけに、執行債務者としては、債務を履行するか、履行できないならば執行債権者（原告）に再交渉を持ちかけるなど、現実の行為をせざるを得なくなる。そこで、執行過程は両当事者の再調整の場として機能することが期待されるのである。

　また、諫早湾干拓紛争のように大規模公共事業に関する紛争では、判決が出て確定したとしても、一部の漁民に対する判決によって即座に国が開門することは考えにくい。事前に利害関係者との調整や対処が必要であると考えられる。原告漁民側が得た確定判決は、「本判決確定の日から 3 年を経過する日までに、…〈中略〉…諫早湾干拓地潮受堤防の北部及び南部各排水門を開放し、以後 5 年間にわたって同各排水門の開放を継続せよ」という些かイレギュラーなものであったが、国は 3 年間の間に積極的に解決に乗り出すこともなく期限までに開門は実現されなかった。

　この間、漁民側弁護士は月に1度のペースで「確定判決の履行
に関する意見交換会」として、国と交渉をしている。しかし事態は
進展せず、他方、国に対して今度は諫早湾内の干拓地の営農者ら
が、確定判決による排水門の開門差止めを求める仮処分および訴訟
を申し立てている。この仮処分が認められたことで、国は漁業者と
の間では開門を命じる判決があり、営農者との間では開門の差止め
を命ずる仮処分があることになり（仮処分も判決と同様、強制執行を
申し立てることができる）、いわゆる「板挟み」の状態となったので
ある。

　結局、判決確定後から3年経っても国は判決に従わなかったた
め、原告漁民は確定判決に基づき開門を求めて強制執行を申し立
て、営農者側も仮処分に基づいて開門差止めの強制執行を申し立て
た。事実上、堤防排水門は開けるか開けないかどちらか一方という
ことになるが、民事訴訟の世界では、判決の効力は原則として当事
者間に及ぶのみであるから（民訴115条1項1号）、当事者でないも
のにまで及ぶことはない。そのため、どちらの強制執行（間接強制）
も裁判所によって認められ、漁民側は「国は開門するまで、漁民1
人あたり1日1万円（後に2万円）支払え」という内容の間接強制
決定を、また、営農者側は「国は開門した場合、1日49万円支払
え」という間接強制決定を得ている。この間接強制決定をめぐって
も、高裁での執行抗告、最高裁での許可抗告という手続で争いは繰
り広げられている。

　現在に至るまで国は開門せず、漁業者側に間接強制金を10億円
以上、払い続けた。国が開門していないということは、営農者側に
認められた「開門差止め」の状態を履行していることになるから、

国は営農者側には間接強制金を払う必要はない。さらに国は、確定
判決の効力を否定するため漁民を相手取って請求異議の訴えを提起
し、高裁で勝訴したものの最高裁で破棄差戻しとされるなど、まだ
決着はついていない。

　このように諫早湾干拓紛争の判決後の過程においては、多様な
フォーラム利用が見られる。しかし、例えば執行過程に焦点をあて
るとそこでの争点は、国が負う開門義務が「債務者の意思」のみに
より実現可能かどうか（民事執行法 172 条の解釈問題）という点であ
り、紛争の核心とは言えないところが問題となっている。

　紛争全体としては、漁業者だけでなく、営農者や他の住民など、
地域社会の多くの利害関係者が関与すべき問題であると考えられる
が、裁判・執行手続はそれらを細切れにし、法的に構成した上で、
それぞれの解決を導くのみである。

(3) 諫早湾干拓紛争の IPI 分析と和解フォーラムセッティング

　それでは諫早湾干拓紛争を IPI 分析するとどのようになると考え
られるか。もちろん、単純に分析できるものではないと考えられる
が、あえて単純化して考えてみよう。

　まず、漁民側としての Issue は、例えば漁民個々人としては、「今
後の生活をどうするか」とか、国との関係では「排水門をどうすべ
きか」と設定することが考えられる。そして訴訟で明らかになって
いる Position としては「排水門の開門」であり、それを支える In-
terest は「漁業復興」「有明海の再生」などであると考えられよう。
あるいは弁護団としては、Interest として「有明地域全体の復興」
を目指しているようにも見受けられる。

　他方、相手方当事者である国側の IPI は何であろうか。訴訟での Position は漁民との関係では「開門しないこと」、営農者との関係では「開門すること」であった。Issue は「排水門をどうすべきか」ということもあろうが、国として「諫早湾・有明地域をどうすべきか」であるとも考えられるであろう。後は肝心の Interest が何かであるが、国の一連の訴訟行動からは、Position であるはずの「開門しないこと」が Interest であるように思われる。例えば、前述のように営農者との関係では「開門すること」が Position になるはずであるが、国は営農者との関係では開門差止めの仮処分が出てもその決定に対して抗告することに消極的であった。それを支える Interest が「開門に伴う多額の支出を防ぎたい」、というものであることなども想定されるが、いずれにしろ、和解などの過程でそれらを明らかにできれば、両当事者や利害関係人により、解決案の選択肢を開発することも可能であると考えられよう。

　問題は、和解手続がどのように行われるかであるが、これまで諫早湾干拓紛争では各裁判手続において幾度となく和解の試みが行われてきた。そこで問題となっているのは、やはりフォーラムセッティングである。裁判所からは、例えば「開門しないことを前提とする和解」の勧告や、逆に「開門することを前提とする和解」の勧告も行われているが、いずれもそれぞれ当事者が応じなかった。しかしこれはいずれも Position 自体をとりあげ、その結論を示した上で和解の勧告をしているのであり、どちらにしても、自分の Position と合致しない当事者としてはこれに応ずることは難しい。このような、裁判所の和解案を示した上での和解勧告は、裁判所の通常事件ではよく見られるものであるが、本件のように Position の対立

が先鋭化している場合には、和解のテーブルに付くこと自体を難しいものにするだけであろう。

　他方、請求異議差戻審は、「和解協議に関する考え方」を示し、初めて、開門・非開門の前提をおかない本格的な利害調整のための和解協議を提案した。そこでは、「当事者双方におかれても、諫早湾を含む有明海及びそれを取り巻く地域の更なる再生・発展に向けて、長期間にわたり様々な取り組みを継続していることは改めていうまでもなく、当事者双方の目指すところは、その範囲では完全に一致している」と指摘している。そして、「改めて紛争の統一的・総合的・抜本的解決に向け、互いの接点を見いだせるよう、当事者双方に限らず、必要に応じて利害関係のある者の声にも配慮しつつ…〈中略〉…、そのうえで当事者双方が腹蔵なく協議・調整・譲歩することが必要であると考える」として和解を呼びかけた。

　この「和解協議に関する考え方」自体は、Position に焦点をあてるのではなく、当事者の Interest（地域の再生・発展）を指摘したものであるといえ、漁民側はこれを高く評価した。しかし結局、国はこの和解協議の場につくことを否定し、開門せずに基金による解決を目指すという方針を崩さなかった。

　このように、裁判所での和解協議は成功せず結審し、今後、判決が出されることになっている。おそらく判決がどのような結果になるにしろ、この後もう一度最高裁で争われ、それに伴い和解交渉の契機が裁判内外で存在すると考えられる。また、仮に請求異議が認められることにより、開門判決の効力が失われることがあるとしても、漁民弁護団は、当事者を集めさらに訴訟を提起して交渉の場を求めていくだろう。

　しかし、そこではこれまでと同様、交渉に相手が乗ってこない場合や相手が立場を変えない場合どうするかという難問が控えている。前述の『ハーバード流交渉術』は、これらの問題に対しても、原則立脚型の交渉を自分が行うこと、Position ではなく Interest に焦点をあて、可能な選択肢と客観的基準を話合えば相手にもその利点が見えてくるのであり、それが相手を動かす鍵となりうると指摘している。果たして諫早湾干拓紛争のように利害関係人が多く、国と私人という関係性においてこの「交渉術」が妥当するのかどうか、なお、考察が必要と考えられる。

〈参考文献〉
ロジャー・フィッシャー＝ウィリアム・ユーリー（金山宣夫・浅井和子訳）『ハーバード流交渉術——イエスを言わせる方法』（三笠書房（知的生き方文庫）、1989 年）
レビン小林久子『調停者ハンドブック——調停の理念と技法』（信山社、1998 年）
「［特集 1］諫早湾干拓紛争の諸問題——法学と政治学からの分析」法学セミナー 766 号（2018 年）
松浦正浩『実践！交渉学——いかに合意形成を図るか』（ちくま新書、2010 年）
和田仁孝『民事紛争交渉過程論（増補第 2 版）』（信山社、2020 年）

● 第13章 ●
不法行為と臨床的アプローチ

1 不法行為とは何か ● ● ● ●

　たとえば、転んで全治一カ月の怪我を負ったとしよう。よそ見を
していて道端の小石につまずいたことが原因であれば、自分のせい
だとあきらめるだけである。しかし、誰かに突き飛ばされたり、誰
かがうっかりぶつかってきたりしたことが原因であれば、その誰か
に責任をとってもらいたいと考える人は多いのではなかろうか。民
法709条の下、被害者が加害者に対して「不法行為」に基づく損
害賠償請求権を行使するためには、被害者の方で、①自分の権利ま
たは法律上保護される利益（法益）が侵害されたこと、②加害者に
故意または過失があること、③加害者の行為と自分に生じた損害と
の間に因果関係があることを証明しなければならない。

　冒頭の例にあてはめると、身体という重大な権利・法益が侵害さ
れているのだから、①を満たす。②について、加害者が不法行為責
任を負うのは、その加害者が自らの行為の結果を認識しながらあえ
て行為をしたこと（故意）や、自らの行為の結果を予見できたのに
その結果を回避しなかったこと（過失）が認められる場合に限られ

る。他人に損害を与えないよう注意して行動する義務を果たしている限りは責任を負わなくてよいとする「過失責任主義」は、個々の事案では被害者に不利に働くことがあるが、社会生活一般においては個人の自由活動を保障する。自らの行為につながる結果の全てについて責任を負わなければならないとしたら、人は自由に行動することをためらってしまうからである。③について、怪我の治療費は、加害者の行為がなければ支出する必要がなかったことは明白である。さらに、怪我で働けなかったために収入が減ったことも、怪我の際の痛みや恐怖、治療中の不自由さといった精神的苦痛も、加害行為がなければ生じなかった損害だと判断できよう。もっとも、怪我の治療のために入院している病院で起きた火事に巻き込まれて死亡したような場合にまで、怪我をさせた加害者に全責任を負わせるわけではない。判例は、賠償されるべき損害を、相当因果関係の範囲内、すなわち一般的に相当と認められる範囲内にあると判断されるものに限定してきた。このように画定された範囲の損害を被害者に回復させる方法について、民法は、金銭賠償を原則としている（722条1項による417条の準用）。不法行為法の目的は、一般に、被害者に生じた損害を填補し、不法行為がなかった状態（原状）に回復させることにあると考えられているが、生命のように失われたら取り返しのつかない権利・法益もあるし、精神的苦痛のように金銭的評価が難しいものもある。それでも、不法行為によって生じた損害は、金額に換算されて賠償されることになる。

　不法行為の事例は、例に挙げたような、加害者と被害者が1対1で、原因と結果の関係が明白で、生じる損害も典型的なものばかりではない。加害者が、幼少の子どもで、自分の行為が法律上の責任

を発生させるものであるとは理解できない場合はどうだろうか。民法の起草者は、加害者本人に責任能力がないとき、その監督義務者に不法行為責任を負わせることにした（712 〜 714 条）。このほかにも、ある事業のために他人を使用する者が、その被用者がその事業の執行について他人に損害を加えた場合に負う「使用者責任」（715条）、土地の工作物の所有者や管理者が、その工作物が通常有する安全性を欠いていたことから他人に損害が生じた場合に負う「土地工作物責任」（717 条）、動物の占有者等が、その動物が他人に損害を加えた場合に負う「動物占有者責任」（718 条）、そして複数の加害者による「共同不法行為」（719 条）についても規定した。

　しかし、複雑化した現代社会においては、民法が起草された明治初期には想定できなかったような加害・被害関係も生じうる。例えば、面識もない人からインターネットを通じて誹謗中傷され、その内容が SNS で拡散されてしまった場合に、被害者は、誹謗中傷した者に対してだけでなく、その内容を拡散した者に対しても不法行為責任を追及することができないだろうか。その内容を削除せずに放置していたインターネットサービスプロバイダーに対してはどうだろうか。

　さらに、最先端の科学技術は、新たな不法行為リスクを生み出すかもしれない。自動車の普及によって増加した交通事故の被害者を保護するために民法の特別法として制定された自動車損害賠償保障法は、自己のために自動車を運行の用に供する者に事実上の無過失責任を課しているが、AI による完全自動運転が実現した社会において、人が運転していない自動車による交通事故の被害者は、誰に対して責任を追及できるのだろうか。

　このような「新しい問題」について立法や行政の対応は遅れがちである。新しい問題によって被害を受けた者が法的救済を必要とするならば、既存の不法行為法の適用範囲を解釈で広げていくしかない。ここからは、不法行為法が新しい問題にどう対応しようとしたのか、具体例を見ていこう。

2　四大公害を契機とする不法行為法の展開　● ● ●

(1)　四大公害裁判の提起

　第二次世界大戦後の高度経済成長期、各地で公害が発生した。経済の復興が何より優先された時代において、原因企業も、政府も、死者が出るほどの公害被害に真摯に対応しようとしなかった。そこで、いわゆる「四大公害」とよばれるイタイイタイ病、水俣病、新潟水俣病、四日市ぜんそくの被害者たちは、公害を企業による不法行為であると考えて──民法上は企業も人（法人）である──、1960年代終盤から1970年代初頭にかけて損害賠償請求訴訟を提起した。

(2)　過失論の発展

　水俣病とは、熊本県の水俣湾またはその周辺海域で獲れた魚介類を摂取することで生じた中毒性の神経疾患である。1963年に水俣病の原因物質がチッソ水俣工場の排出したメチル水銀化合物であることが解明された後の1965年、新潟県阿賀野川流域で水俣病と同様の症状が確認された。二つの水俣病裁判で争点となったのは、過失の有無である。上述のとおり、過失とは、予見可能な結果を回避する義務に違反したことである。新潟水俣病について、裁判所は、被告の昭和電工が最高の分析検知技術を使って廃水にメチル水銀が

含まれていることを調査すべきであったのにそれをせず、操業停止
も含む万全の結果回避措置を取らなかったために、被告には過失が
あると認定した（新潟地判昭 46・9・29 下民集 22 巻 9 ＝ 10 号別冊 1
頁）。しかし、この理由付けでは、史上初のメチル水銀中毒である
熊本水俣病について、その発生時点で廃水中のメチル水銀を検知で
きた者は一人もいなかったことになる。そこで裁判所は、「化学工
場が廃水を工場外に放流するにあたっては、最高の知識と技術を用
いてその安全性を確認し、安全性に疑念が生じた場合には必要最大
限の防止措置を講じて、生命・健康に対する危害を防止すべき高度
の注意義務がある」とし、「予見の対象を特定の原因物質の生成の
みに限定して、その不可予見性の観点に立って被告には何ら注意義
務違反がなかった」とする被告チッソの主張は、住民の生命・健康
に危害が及んだ段階で初めてその危険性が実証されるという、いわ
ば人体実験を容認する不当なものであるとして、被告の過失を認定
した（熊本地判昭和 48・3・20 判時 696 号 15 頁）。

(3) 因果関係論の発展

四日市公害裁判では、原因と結果の因果関係が問題となった。三
重県四日市市の石油化学コンビナートが操業を開始した 1960 年頃
から、隣接する地域の住民がぜんそく等に悩まされるようになっ
た。多くの人は、コンビナートの事業所から排出される有害物質が
原因だと考えたが、ぜんそく等の呼吸器系疾患は、有害物質を吸い
込まない限りは発症しないという性質の病気ではない。原因と結果
が「あれなければこれなし」で判断できない事態に、裁判所は、イ
タイイタイ病裁判で登場していた疫学的立証方法を採用し、被害地

域におけるぜんそく等の増加と大気汚染との因果関係を認定した（津地裁四日市支判昭47・7・24判時672号30頁）。

(4) 共同不法行為論の発展

　さらに四日市公害裁判では、他の3つの裁判と異なり、複数の企業が被告となった。民法719条は、数人の者が共同の不法行為によって他人に損害を加えた場合（1項前段）、共同行為者のうち誰が実際に損害を加えたのか明らかでない場合（1項後段）、不法行為者とその不法行為を教唆・幇助した者に（2項）、連帯責任を課している。共同不法行為者が連帯責任を負うとは、それぞれが被害者から損害賠償を全額請求される可能性があるということである。被害者に対して損害賠償金を支払った共同不法行為者は、他の共同不法行為者に寄与度に応じて求償することができるので、被害者は、共同不法行為者間の公平を気にすることなく、自己の損害を填補することだけを考えればよい。

　判例は、719条1項前段の共同不法行為が成立するには、共同行為者各自の行為が客観的に関連し共同して違法に損害を加えた場合に、各自の行為がそれぞれ独立に不法行為の要件を備えることが必要であるとする（山王川事件・最判昭43・4・23民集22巻4号964頁）。四日市公害裁判の原告らは、大気汚染とぜんそく等の集団的因果関係については立証できたが、被告6社それぞれが排出する二酸化硫黄と各被害者のぜんそく等の個別的因果関係を立証できたわけではない。それでも、裁判所は、被告らが連帯責任を負うと判断した。

(5) 損害賠償の請求方式

　原告が多数いる訴訟において、その一人一人の損害の範囲を画定していく作業は、当事者にも裁判所にも負担が大きく、審理の長期化につながる。また、不法行為によって減少・喪失した収入や財産に関する被害者間の格差が賠償額の格差にそのまま反映される。

　熊本水俣病第一次訴訟の原告 138 名による社会的・経済的・精神的損害の全てを包括する総体としての損害を賠償せよという主張は、裁判所にそのまま受け入れられることはなかったが、後の公害訴訟においては、被害を個別に細分化しないで、精神的損害に対する慰謝料と財産的損害を含めたものを「包括慰謝料」として請求する方式も認められるようになった（西淀川大気汚染第一次訴訟・大阪地判平 3・3・29 判時 1383 号 22 頁）。

(6) 四大公害裁判を教訓に

　熊本水俣病や新潟水俣病は、現在もなお、複数の訴訟が続いている。公害被害地域の再生にも長い時間を要する。イタイイタイ病の発生地域でカドミウム汚染農地の復元事業が完了したのは 2012 年 3 月のことであった。四日市公害の被告企業の中には、裁判を通じて不法行為責任を負うことになった教訓を生かさず、その後も国内で別の公害問題を引き起こしたものもある。それでも、裁判を通じて理論的発展を遂げた不法行為法が、四大公害の被害者に救済の道を開く役割を果たしたことは確かである。

　そして今、不法行為法は、四大公害を超える長期的な広域的被害を生じさせた大規模人災である福島原発事故について、その被害者の救済に資するため、さらなる理論的発展を遂げることが求められ

ている。

3　原発事故への臨床的アプローチ　● ● ●

(1)　福島原発事故の発生

　2011年3月11日、東北地方太平洋沖地震と津波の影響により、福島第一原子力発電所で炉心融解・水素爆発が発生し、大量の放射性物質が飛散するという深刻な事態となった。国や一部の自治体は、原発から一定の圏内の地域の住民に対して避難や屋内退避の指示を出した。それらの地域は、基本的に放射線量によって線引きされ、空間線量率から推定される年間積算線量が20ミリシーベルト以下になると避難指示が解除されてきたが——一般の人々の健康を守るための基準とされる公衆被ばくの線量限度は年間1ミリシーベルトである——、2021年12月時点でも避難指示が解除されていない区域がある。そして、避難指示対象にならなかった地域からも、被ばくを恐れて避難した人々がいる。政府は、これら区域外避難者を「自主的避難者」として扱っているが、避難指示区域内から避難した人々も、避難指示が解除されてから一定期間を超えて避難を続けると、「自主的避難者」として扱われることになる。

(2)　原発事故による被害

　福島第一原発の北西方向に位置する浪江町は、全域が避難指示の対象となった。2021年12月時点でも、総面積の約8割（180平方キロメートル）で避難指示が続いたままである。2013年に避難中の全町民21,463名のうち18歳以上を対象に実施した質問紙調査の回答9,384通からは、多くの町民が、生活の困窮という財産的被害に

加えて、自分たちのコミュニティが一瞬にして原発事故によって奪われたことの苦痛、避難生活の不便さに起因する苦痛、被ばくによる不安、先の見通しがつかない不安など、多様な精神的被害を受けていたことを読み取ることができる。

　これら避難に伴う被害が時の経過とともに緩和されるかというと、必ずしもそうではない。長期避難者の状況を把握するための調査がいくつか継続的に行われているが、経済的に困窮しているという回答、心身の健康状態が悪化しているという回答の多さに驚かされる。避難指示の解除後に地元に戻ってきた人々も、医療やインフラが十分に復旧・再生していない状態で生活を再建することに苦心している。

　そして、避難指示区域外の人々も、原発事故による被害と無縁だったわけではない。「自主的避難者」に避難に伴う損害が生じたことはもとより、避難をしなかった人々の中にも、被ばくへの恐怖や不安という精神的苦痛を抱える人や、被ばくを避けるために日常生活にかかる費用が増加した人もいる。

(3) 原子力損害に関する政府の指針と東京電力の賠償

　原発事故はこれほどの深刻な被害を生じさせているが、日本が原子力を開発・利用するにあたって事故が生ずる可能性を全く考えていなかったわけではない。1961 年に制定された原子力損害の賠償に関する法律（原賠法）は、民法の特別法として、原子炉の運転等により原子力損害が生じた場合における原子力事業者の無過失損害賠償責任を規定している。不法行為の一般原則である過失責任ではなく無過失責任が採用されたのは、原子力事業が潜在的に危険な活

動だからである。

　原賠法は、原子力損害を、「核燃料物質の原子核分裂の過程の作用又は核燃料物質等の放射線の作用若しくは毒性的作用」により生じた損害と定義しているが（2条2項）、この定義では、具体的にどのような損害が賠償されるのかわからない。そこで、同法に基づいて設置された原子力損害賠償紛争審査会（原賠審）が、2011年8月5日に「東京電力株式会社福島第一、第二原子力発電所事故による原子力損害の範囲の判定等に関する中間指針」（中間指針）を公表した。原賠審は、「一般の不法行為に基づく損害賠償請求権における損害の範囲と特別に異なって解する理由はない」として、原発事故と相当因果関係のある損害が賠償されるとした。例えば、避難指示区域等からの避難者の損害項目として、避難費用や正常な日常生活の維持・継続が長期間にわたり著しく阻害されたために生じた精神的苦痛の慰謝料、営業損害、就労不能等に伴う損害、動産・不動産の喪失・減少等などを列挙している。その後、原賠審は、2013年12月までに4つの追補を公表した。第四次追補は、放射性物質で高濃度に汚染された「帰還困難区域」の旧住民に対して、中間指針の損害項目に加えて、最終的に帰還するか否かを問わず、「長年住み慣れた住居及び地域が見通しのつかない長期間にわたって帰還不能となり、そこでの生活の断念を余儀なくされた精神的苦痛等」の慰謝料、移住または長期避難のための住居確保に係る損害も賠償されるべきだとした。

　東京電力は、中間指針等に沿って自主賠償基準を作成し、それに基づいて算定した賠償額を被害者に支払ってきた（直接請求）。2021年12月末時点の個人への賠償件数は230万件、法人への賠償

件数は 45 万件を超える。しかし、直接請求では、避難指示区域外からの避難者・滞在者については、ごく一部の地域の者に少額の損害賠償が支払われるだけである。中間指針等が、原則、政府による避難等の指示の対象区域に合わせて被害者の賠償範囲を画定しているからである。原賠審は、中間指針等に明記されていない損害についても、個別具体的な事情に応じて賠償の対象となることを再三述べているが、東京電力は、中間指針等に明記されていない損害について、基本的に賠償の対象外としている。避難指示等対象者も、直接請求の下では、中間指針等に明記されていない損害や中間指針が定める賠償期間を超える期間の賠償が認められることはほとんどない。避難指示が解除されると、避難を継続するか帰還するかに関わらず、避難に伴う精神的損害の賠償も一定期間後に終了する。

　国は、原子力損害賠償に関わる紛争が数多く生じることを予想して、それらの紛争の解決に特化した原発 ADR ——原子力損害賠償紛争解決センターによる和解の仲介——も用意した。しかし、この制度も、原賠法に基づくものであるため、中間指針等を大幅に超える賠償を望むことはできない。

4　原発事故訴訟 ●　●　　●

(1) 原告らの声

　福島原発事故被害者を原告とする訴訟は、2021 年 12 月末までに 630 件提起されてきた。直接請求の件数に比べると微々たる数に思えるだろう。しかし、その中には 35 件の集団訴訟が含まれており、総原告数は 13,000 人を超えている。日本において裁判の原告になることにどれほどの困難があるのかは、本書第二部で学習した

とおりである。それにもかかわらず、これだけ多数の被害者が裁判に踏み切ったのはなぜなのだろうか。

原発事故集団訴訟の一つ、「『生業を返せ、地域を返せ!』福島原発訴訟」(生業訴訟)は、最終準備書面において、以下のとおり述べている。

福島の人々にもたらされた、かつてない被害について、誰も責任を取ろうとしない。その無責任なあり方が許されてはならない。これを変えて責任ある者に責任をはたさせる。被った被害について完全な賠償をさせる。こう考えて、3,800名の原告が集っている。

かつてない被害には、「ふるさと」を奪われたことが含まれる。生業訴訟は、訴状において、「ふるさと」喪失を以下のとおり表現している。

「ふるさと」に帰ることができないということは、単に、元の住居に住むことができないということではない。原告らが「ふるさと」に帰ることができないことによって失ったものは、「ふるさと」の自然のつながりであり、自ら築いてきた生業を通じての豊かな人生であり、(家族が別れ別れになることによって失う)家族のつながりであり、さらには、生活の中で紡いできた地域の人々とのつながりであり、一言でいえば、それまでの人生を通じて蓄積してきた自然、家族、社会、地域とのつながりの総体である。

ある避難者は、「自分の人生は終わったようなものだ」と絶望的に表現する。

司法は、このような避難者の「ふるさと」喪失の被害を、どう受け

止めるべきであろうか。

「ふるさと」喪失の被害を既存の不法行為法に落とし込むためには、いろいろと考えなければならないことがある。不法行為の成立要件の一つに被害者の権利・法益侵害があるが、人は、原発事故によっていかなる権利・法益を侵害されるのだろうか。そして、原状回復という不法行為法の目的の下で、「ふるさと」喪失の損害はどのように評価されるべきか。訴状では、原告らが求める救済が以下のとおり説明されている。

　　このような本件事故を引き起こした被告国と被告東京電力に本来求められていることは、さらなる被害拡大のおそれをなくし、本件事故を完全に収束させ、放射性物質による地域汚染を取り除き、原告らを生あるうちに「ふるさと」に帰還させることであり、要するに原告らをして本件事故以前の状態に戻すことである。

　　しかし、原告らが、本件事故以前の居住地へと帰還するのが困難であることは、すでに述べたとおりである。また、仮に本件事故以前の居住地に物理的に戻ったとしても、本件事故前の生活基盤や人間関係は失われたままであり、いったん喪失した「ふるさと」が元どおりに復元するわけではない。それは、「帰還」とはいえない。

　　そうであるならば、帰還困難であるところの原告らに与えられるべき救済とは、原告らの新たな居住地において、せめて本件事故以前と同等の生活を保障することであり、その生活基盤を構築するに足りる賠償を被告国と被告東京電力に行わせることである。

(2) 責任論の展開——事故の抑止に向けて、そして真の謝罪を引き出すために

　集団訴訟の多くが、東京電力とともに国の責任も追及している。

　現状、国は、原子力政策を推進してきた「社会的責任」に基づいて、東京電力に対して賠償費用等にあてるための資金を援助している。対して、原告らは、東京電力を規制する権限を有する国が適切にその権限を行使すれば事故は防げた（規制権限の不行使）という主張に基づき、国の「法的責任」を追及している。民法は私人間に適用される法律であるので、国家賠償法に基づくことになるが、同法の下でも、国の過失を判断するために、津波を予見できたかどうか、事故を回避できたかどうかを明らかにする必要があるため、将来の原発事故の抑止につながることが期待されるのである。

　それは、原賠法の下で無過失責任を負う東京電力に対して、あえて民法 709 条に基づく過失責任を追及している理由でもある。そして、東京電力に法的に非難されるべき加害責任があることを認めさせ、真の謝罪を引き出したいという意図もある。

　生業訴訟の控訴審判決（仙台高判令 2・9・30 判時 2484 号 185 頁）は、東京電力に対する民法 709 条の請求は却下したが、東京電力も国も遅くとも 2002 年末頃までに大津波の到来を予見できており、東京電力の結果回避義務違反の程度は決して軽微ではなく、規制当局としての役割を果たさなかった国は国家賠償法に基づく責任を負うと判断した。

(3) 権利論の展開——被害の本質を明らかにするために

　避難指示区域内の住民のみで構成された集団訴訟で初の高裁判決

となった仙台高判令 2・3・12 判時 2467 号 27 頁は、原告らが「包
括的平穏生活権」、とりわけ地域生活利益を侵害されたと判断し
た。原発事故により平穏な日常生活を送る生活利益そのものとして
の「包括的生活利益としての平穏生活権」、すなわち、「生存権、身
体的・精神的人格権（身体権に接続した平穏生活権を含む）、財産権
を包摂する、地域における『包括的生活利益』を享受する権利」を
侵害されたとする原告らの主張が、ほぼそのまま認められた形であ
る。

　平穏生活権の概念は以前にも存在していたが、裁判例で認められ
てきたのは、生命・身体・健康に直結した平穏生活権であった（仙
台地決平 4・2・28 判時 1429 号 109 頁など）。司法が包括的平穏生活
権を新たに認めたことは、原発事故被害の本質を明らかにしたいと
する原告らの切なる思いに応えたものと評価できる。

　他の判決では、自己決定権、放射線被ばくの恐怖・不安にさらさ
れない利益、人格発達権、居住・移転の自由や居住地決定権、職業
選択の自由、内心の静穏な感情を害されない利益、生命身体の自由
や生存権、人格的利益などが認定されている。いまなお避難指示が
解除されていない区域内から避難を続けている者、避難指示が解除
された区域内から避難をしていた者や避難を続けている者、さらに
は区域外から避難をしていた者や避難を続けている者、区域外で生
活を送ってきた者など、各原告団の属性が様々であることから、
様々な被侵害権利・法益が主張された結果である。

🎧 (4) 損害論の展開──「完全な賠償」に向けて

　前掲の仙台高判令 2・3・12 は、ふるさとを、「地域における住

民の生活基盤としての自然環境的条件と社会環境的条件の総体」と見て、「これらの自然環境的条件と社会環境的条件は、住民が、そのような諸条件下になければ通常は無償で取得することができない財物や役務を、無償で取得することを可能にしていた（経済的側面）ということができる。また、同時に、自然環境との関わりや住民相互の緊密な人間関係を通じ、住民は、地域に対する強い帰属意識を有し、当該地域に居住することによる安心感を得ていた（精神的側面）ということもできる」と理由づけて、中間指針等によって賠償されていない損害として、ふるさとの喪失・変容による慰謝料を認めた。

　避難に伴う損害についても、原発事故における避難行動の実態に即した司法判断が登場してきた。中間指針等は、避難生活中の「正常な日常生活の維持・継続が長期間にわたり著しく阻害されたために生じた精神的苦痛」を賠償の対象としているが、前掲の仙台高判令2・3・12は、原告らが、放射線による生命・身体への被害の危険から、とるものもとりあえずあわただしく避難することを余儀なくされたことによって、地域の人間関係を断たれ、場合によっては、職業生活を失い、学業の継続性や家族の一体性すらも阻害されるという、それぞれの境遇において極めて大きな精神的苦痛を被ったことについて、別個の慰謝料を認めた。また、避難指示等対象区域外からの避難者についても、例えば東京地判平30・3・16判例集未登載は、原告らが、具体的な根拠に基づき、合理的に放射性物質の汚染による健康への侵害の可能性があると判断し避難を開始したこと（避難開始の合理性）、その後少なくとも一定の期間経過後までは、放射性物質による健康被害の可能性が相当程度あること（避

難継続の合理性）を認め、損害賠償の対象となると判断した。さらに、避難指示等対象区域外で居住を続けた者の精神的苦痛についても、生業訴訟控訴審判決は、原発事故により侵害された事柄、侵害態様・程度、本件事故後の経緯・現状から、相当因果関係にある損害かどうかを判断し、一定の範囲で賠償を認めた。

5 おわりに

本章では、不法行為法の基本的構造を説明したうえで、2 つの事例――四大公害と原発事故――において、不法行為法がどのように対応してきたのか、現在どのように対応しようとしているのかを紹介した。

不法行為法が理論的展開を遂げるための動力源は、被害者の声である。彼らが受けている被害の回復を実現するには、その被害の全容を把握することが必要である。まずは、被害者の声を聴くことから始めよう。

〈参考文献〉
淡路剛久ほか編『福島原発事故賠償の研究』（日本評論社、2015 年）
淡路剛久監修・吉村良一ほか編『原発事故被害回復の法と政策』（日本評論社、2018 年）
西田英一「痛みと償い――震えの声の前で」同『声の法社会学』（北大路書房、2019 年）171-183 頁
吉村良一『不法行為法（第 5 版）』（有斐閣、2017 年）
和田仁孝・西田英一・中西淑美『浪江町被害実態報告書』（2013 年）

● 第14章 ●
民事訴訟と臨床的アプローチ

1 はじめに ● ● ● ●

　本章では、「臨床的アプローチ」による民事訴訟の法社会学研究
から、民事訴訟法学がどのような示唆を得ることができるかという
点を論じる。

　まず、本章で検討する「臨床的アプローチ」の範囲を明確にす
る。「臨床法社会学」を提唱する和田仁孝教授は、法の領域での
「臨床」の場とは、人々が「法をまさに末端部分で実践している場」
であるとする（和田 2020a：3、13-14頁）。故に、本章で検討する
「臨床的アプローチによる民事訴訟の法社会学研究」は、民事訴訟
の場での人々の各種の実践を研究者が観察したりそれらの実践に関
わったりする形で行われる経験的な法社会学研究を指すものとす
る。

　現在、和田教授をはじめとする、解釈法社会学の立場やその影響
下にあると考えられる立場を採る法社会学者による、民事訴訟の当
事者や紛争関係者の語り・声・振る舞いの解釈を行う研究がある。
しかし、本章では、これらにとどまらず、手続内での人々の各種の

211

実践を観察・記述するという意味で、臨床的アプローチと評価し得ると筆者が考える、エスノメソドロジーによる、民事訴訟の場の秩序が手続関与者によりどのような方法で達成されるかという点に関する研究も検討する。

2　エスノメソドロジーによる民事訴訟の研究　● ● ● ●

(1)　エスノメソドロジーの概説

エスノメソドロジーは、アメリカの社会学者ハロルド・ガーフィンケルが創始した社会学の方法であり、社会の「メンバー（成員）」がどのような「方法」を使い日々の活動を秩序づけるかという点を研究する。社会の「メンバー」とは、ある者が属する社会での常識的知識を適切に用いて、（科学での「理想言語」に対比される）自然言語を使い、事態を整合性（合理性）のあるものとして記述できることを指し、日常の活動を秩序づける「方法についての知識」は、日常生活を営む人々であれば社会のあらゆる場面で誰もが使っているものの気づくことがない方法論的な知識であるとされる。そして、人々がその場の常識的知識を使い物事を「何らかの仕方で」成し遂げる方法が、エスノメソドロジーの研究対象とされる（以上、前田ほか編 2007：4-11 頁［水川喜文］に多くを負う）。

そして、エスノメソドロジーやこの方法から派生した会話分析により、様々な法的場面での人々の相互行為を分析した研究がある。以下、エスノメソドロジーや会話分析により民事訴訟を分析した研究を取り上げる（なお、民事訴訟に参考となる範囲で、家庭裁判所の手続や仲裁に関する研究も含む）。

(2) 民事訴訟という「場」の成立と手続の開始

　民事訴訟の過程が、主に「法廷」で、当事者・代理人弁護士・裁判官等の主体が関与して展開されることや、その手続の様相は、自明のもののように思われる。しかし、各主体の実践の相互作用に着目すると、各主体がどのような行為により民事訴訟の場を達成するかという点が検討対象となる。そして、会議室での民事模擬法廷のビデオ録画のデータを用い、関与者にとって民事訴訟という場面が特定の制度としての現実味をもって経験されるあり様を明らかにする、エスノメソドロジーによる研究がある（樫村 1997：186 頁）。

　この研究では、まず、原告本人役・被告本人役・原告代理人役・被告代理人役が着席した状態で、裁判官役が登場・着席し、模擬法廷の開始要請たる司会者の発話に裁判官役が応答し、模擬法廷が開始されるまでの過程が分析される。この分析から、司会者による、名宛人を特定せず、行為の開始の仕方を被要請者に委ねる形でされた開始要請に対して、裁判官役以外の全員の視線の動きから観察可能な、これらのメンバーによる「回答権の見過ごし」と、この回答権の見過ごしに依存する、開始要請への裁判官役による応答により、裁判官役が模擬法廷の参与者全体を代表する地位（裁判官としての地位）を認められ、共通の場としての（模擬）民事法廷の場が達成されることが明らかになる（司会者の開始要請は、現実の訴訟での事件の呼上げ〔民事訴訟規則 62 条〕と対比され得る）。

　また、この研究では、司会者の開始要請への応答の後に、裁判官役が模擬法廷としての最初の発話を行うに至る過程が分析される。この分析から、裁判官役が発話を開始するまで、模擬法廷の参与者全員の動作により観察可能な、「待機」の姿勢がとられているもの

の、裁判官役以外の参与者は裁判官役の発話開始を受容する感受性を示し、その結果、模擬法廷での最初の発話者としての特別の地位が裁判官役に与えられること、および、裁判官役の最初の発話の際になされた、原告・被告各本人役と各代理人役による動作や視線の移動ややり取りにより、この四者の中に非専門家たる当事者本人と法専門家たる代理人というカテゴリー的な区分が導入されることが明らかになる。

(3) 民事司法の場での「権力作用」

　民事訴訟での手続の進行につき、裁判長は訴訟指揮権を行使する（民事訴訟法 148 条）。そして、裁判長がこの権限をどのように行使するかという点が分析の対象となり得る。

　また、裁判官や家庭裁判所調査官等が、口頭弁論以外の手続で両当事者から事情を聴く場合（対席での訴訟上の和解や家事事件での調査官による事実調査等）にも、その過程がどのように進められるかという点が分析の対象となり得る。

　ここでは、まず、ある民事訴訟の証人尋問での裁判長の訴訟指揮権行使につき、「権力作用」の観点から、エスノメソドロジーにより分析した研究（好井 1994：117 頁）を取り上げる。

　原告側による反対尋問の最中、証人の答えの不自然さや露骨な答え方の作為に対し、双方の当事者と代理人弁護士・傍聴人の全員から「笑い」が起こり、尋問を担当しない原告代理人弁護士の「笑い」が少し残った。すると、裁判長が、この代理人弁護士の「笑い」を突如不自然な形かつ強い調子で制止し、この代理人弁護士は、驚き、沈黙した。その後、「笑い」を制止された原告代理人弁

護士が、裁判長に抗議して制止の理由を尋ねたところ、「代理人が
証人を嘲笑した」との裁判長の「解釈」が示された。これに対し、
「笑い」を制止された原告代理人弁護士が、皆証人の答え方がおか
しいと感じて笑っているのに、なぜ自分だけが証人を嘲笑したと
思ったか疑問だとの抗議を行った。すると、裁判長が、突如「休
廷」を宣言した。法廷の人々に苛立ちや怒りの感情が生じる中、裁
判官が入廷し、突如法廷が再開された。そして、裁判長は、「笑い」
を制止された原告代理人弁護士に、「笑い」の件は以後議論しな
い、議論があるならいまここでその議論（「笑い」に関する裁判長の
解釈と代理人の解釈のどちらが妥当かという議論）を再開すると言っ
た。これに対し、「笑い」を制止された原告代理人弁護士は、他の
当事者や傍聴人の存在を考慮し、抗議を撤退させた。こうして、
「笑い」を制止された原告代理人弁護士の抗議は抑え込まれた。

　この研究では、裁判長が「笑い」を一方的に退ける際に、裁判長
の解釈の妥当性が問われず、この解釈が原告代理人弁護士の解釈を
完璧に退けていること、および、「笑い」を制止された原告代理人
弁護士による抗議に対する、法廷再開後の裁判長の「抑え込み」
は、明らかに権力行使であり、それは当該の状況で生じていた「苛
立ちや怒り」の雰囲気を巧みに利用した形、すなわち、この雰囲気
の中で反対尋問を滞らせて抗議を継続することは極めて困難だとい
う状況を利用する形で行使されていることが指摘される。そして、
法廷の人々が証人の答えに対し様々な日常的な推論や知識や事件に
関する評価等を働かせ「笑った」のに対し、裁判長が法的言説空間
の正統性／権力性を確保するために「笑い」を徹底して形式的／表
面的に抑え込むところ、ここで状況を「抑え込む力」として行使さ

れる、裁判長の解釈に発動された推論は、その妥当性・正当性は一
切問われず隠されたままであるとはいえ、この推論もまた「笑い」
をめぐる一つの解釈であり、裁判官の日常的推論や知識であること
が指摘される。

　次に、夫が申立人、妻が相手方となった離婚事件での家庭裁判所
調査官による当事者の面接での会話データにつき、「権力作用」の
観点から、会話分析により分析した研究（山田 1991：73 頁）を取り
上げる。

　一方で、夫と調査官との面接では、積極的に妻の立場に立ち行わ
れる調査官の非難や説得と、それに対する夫の応酬が連鎖し、最終
的に調査官が夫を屈服させることに成功したといえ、調査官面接の
「中立性」の中身が、ここでは妻の立場に偏った説得であることが
明らかになったとされる。他方で、妻と調査官との面接では、調査
官が自分の発話順番を放棄し、妻の話を聞いたり、妻を勇気づけた
り、妻に同意したりして、妻を心理的にもサポートしているとされ
る。

　加えて、どの司法手続でも、「常識的」な推論や知識が暗黙裡に
動員されたうえでの先行判断が入らざるを得ず、また必要であり、
それは専門家同士の言葉には表現できない勘や「だいたいの目安」
として表現され、この面接で調査官が使用した解釈図式は「母子密
着を原因とした嫁と姑の争い」というテーマであり、調査官が自身
の解釈枠組に依拠し面接過程を操作する面が観察されるとする。

　そして、この研究では、夫も妻も上記の操作を意識化して問題に
することがないまま、司法の「中立性」を信じ込まされ面接を終了
するため、調査官が面接過程を批判的に反省しないならば、司法の

「中立性」という神話が残り、調査官による操作も非難／応酬の内容も、結果としての「中立性」により隠蔽され、この意味で、調査官面接は、調査官や申立人・相手方を巻き込んだ「権力作用」の働く場として分析できるのではないかとされる。

(4) 証人尋問の過程

証人尋問の秩序が、関与者のどのような実践により達成されるかという点も、エスノメソドロジーの分析対象となる。そのような研究として、アメリカでの労働仲裁をエスノメソドロジーにより分析した研究（樫村 1991：663-680 頁、同 1992：96-107 頁）から、証人尋問に関する部分を取り上げる（ここでの仲裁の証人尋問の方式は、わが国の民事訴訟の証人尋問〔民事訴訟法 202 条〕と共通する）。これらの研究では、尋問者（両当事者の代理人弁護士や仲裁人）と証人との間の一対の問いと応答が「尋問」と呼ばれ、この尋問が反復されることが「尋問系列」と呼ばれる。

まず、尋問については、尋問者による問いが、(A) 先行する証人の応答の受容を表示する了解符号、(B) 問いの予告符号、(C) 応答態様の指示、(D) 問い、(E) 応答の意味の修復（証人の発話の重要性を取り消し、尋問者が与える表現をそれと置き換える形式を持つ「言直し」と、証人の応答の意味を明白化し、はっきり伝達されるように強調や修正をする効果を持つ「繰返し」から成り、応答を正式なものとする前にその品質を検査し不良品を取り除くこと）という構成要素から成り立つこと、および、具体的な問いの発話は、(E)＋(A)＋(B)＋(C)＋(D) という構造を持つことが明らかにされる。また、証人もこの構造を用いて尋問者の発話を分析し、尋問者も問いを証人に

理解可能な形式で発し得ると考えられるとされる。したがって、こ
の分析は、証人尋問での基本的な伝達の構造、ないし、尋問者と証
人との間の相互了解を達成し続ける構造を示していると考えられる
とされる。そして、特に尋問者がこの相互了解構造を戦略的に使用
し得るとされ、その例として、尋問の達成の要約、以前の問いと異
なる事項を次の問いで取り上げる際に事態を記述し（特徴付け）社
会規範的な描写（「認定されるべき事実」）を作り上げる用語の導入、
証人の発話に尋問者が介入することにより、開始された応答を適当
でないとして取り下げさせる効果の惹起が挙げられる。こうして、
証言は、尋問者と証人の間で相互に了解されている尋問の構造に従
う特殊な共同作業の産物、すなわち、複数の人々の行為の組織的な
組み合わせによる、証言としての達成とされる。

　また、尋問系列の目的は、事件での事実のある「部分的描写」を
何らかの会話的構造の下で作り出すこととされ、尋問系列のもつ
「何らかの会話的構造」につき、尋問者のみならず証人によって
も、尋問系列により生産されようとするものが、個々の証言やその
ような証言の連なり自体ではなく、証言の連なりにより描き出され
る「意味」であることがよく認識されていること、部分的描写を作
り出すために、行動の標準化ないし常態化が行われるようであるこ
とが指摘される。

　さらに、両当事者の代理人弁護士や仲裁人の間で、法専門家とし
ての能力で行われる「尋問の管理の実践」というべき活動の次元が
存在するとされる。その例として、尋問系列の終了の際に、尋問者
による終了の宣言、仲裁人が終了の宣言を受諾し別の側の尋問者を
次の発言者として指定することという系列が挿入されることが挙げ

られる。そして、尋問の終了が証人以外の三者により行われる共同
実践であることは、日常会話での問答の終了と明らかに異なる点で
あり、このことは、証人尋問が重要な点で法専門家たる複数の関与
者の共同実践により構成される点に目を向けさせるものであるとさ
れる。

3 解釈法社会学による民事訴訟の研究

(1) 解釈法社会学の概説

　わが国での解釈法社会学は、アメリカの解釈法社会学の潮流等を
受け、和田仁孝教授がその構図を提示したものであり、その概略は
次の通りである（和田 2020a：7-15頁）。解釈法社会学は、法制度や
法専門家と関わる当事者の視点を前提としたときに見える、法制
度・法専門家の権力性と、その視点を掬いきれない、「客観性」や
「普遍的法則」を前提とする近代的な社会科学への問い直しの一つ
の到達点であるとされ、近代的な主体概念・価値・認識論を批判す
るフランスの現代哲学・社会学、および、西洋の世界観や価値によ
る異文化社会の記述の権力性を反省し認識論を転換させている現在
の人類学から示唆を得ている。具体的には、近代的な学問・科学が
前提とした「理性的な主体」「主体と客体の分離」「普遍的な真理」
「客観的な現実」等の観念・価値・認識論が、そこから外れたもの
に対する抑圧性を持ち得ること、また、近代的な学問・科学に根差
す近代的な法制度、および、これらが自明の前提とする「人間」
「自由」「正義」等の価値が、そこから漏れ出た人々や、制度に関わ
る人々の多様な声に対し抑圧的に働く微細な権力性を持ち得ること
を批判し、そうした視点から、法制度と関わる人々の語りや声の解

釈を通じて、法の問題を読み取ろうとする。

　そして、解釈法社会学の立場やその影響下にあると考えられる立場を採る研究者による、民事訴訟に関わった当事者や紛争関係者の語り・声・振る舞いの解釈を行う研究がある。以下、これらの研究を取り上げる。

(2) 民事訴訟の形式性・限定性と当事者等の創発的活動

　民事訴訟では、多数の事件の迅速な処理が求められるため、形式的・画一的な処理がなされる。また、民事訴訟は、実体私法の適用により紛争を法的に処理するため、要件事実に収まらない事項（感情や人間関係・社会関係に関する事項等）は排除される。しかし、具体的な紛争につき訴えを提起する／される当事者は、紛争処理が形式的・画一的に、かつ、自身では重要と考える感情や人間関係・社会関係等の問題が排除された形でなされることに不満を感じ得る。このような点につき、少額訴訟手続（民事訴訟法 368-381 条）での、当事者や紛争関係者による、訴訟法の枠組みに捉われない創発的な活動を分析する研究（仁木 2002：第 3 章～終章）を取り上げる。

　① 手続の冒頭では、少額訴訟から（手続的制約がない）通常訴訟への移行の申述が被告に認められ、その際、両手続の相違等に関する、裁判官からの定型的、かつ、具体的な紛争内容に関係しない形での教示が行われ、手続選択段階は内容審理段階と明確に峻別される。しかし、この研究では、裁判官からの手続選択の意思確認に対し、被告が紛争の具体的内容への言及を始め、手続選択段階と内容審理段階が明確に切り替えられずに審理が進行した事例が記述される。そして、当事者が手続の意義を具体的な紛争処理の中で理解し

ようとして行う活動により、手続選択段階／内容審理段階の明確な
峻別が相対化される様子が描写される。

　②口頭弁論では、裁判官は法的な争点をめぐる当事者間の議論
を成立させるべく、弁論を整序する。しかし、この研究では、当事
者が必ずしも裁判官による弁論の制御に従わず、自発的に対話した
り、社会関係に関する事実等も組み込み、紛争に関する独自の物語
に基づき主張を展開したり、互いに相手方の提示する紛争の物語の
中から自分の物語を補強する言説を抽出・援用したりすることによ
り、自分に有利な雰囲気を作り出そうとする様子が記述される。そ
して、裁判官が示す「議論の筋道」から逸脱した発話により、当事
者の弁論が活性化することが指摘される。

　③少額訴訟の当事者ではないが社会的には紛争に関係する者が
傍聴していても、制度上、傍聴人の弁論への参加は許されない。し
かし、この研究では、傍聴人たる紛争関係者が弁論への参加を企て
て自らの利害認識を述べ、傍聴人たる紛争関係者の弁論への参加を
受け、当事者が傍聴人たる紛争関係者の利害認識も取り込む形で紛
争処理の方向を模索する様子が記述される。そして、傍聴人たる紛
争関係者の審理への参加を一律に規制するのではなく、状況に応じ
参加を認める新たな手続秩序の形成や、社会的関係も取り込んだ手
続過程の可能性が示される。

　④和解手続では、当事者の感情激化を防ぐため、両当事者を対
席させない交互面接方式が多用される。しかし、この研究では、弁
論過程・対席での和解過程で原告が怒りを表出するのに対し、被告
が和解過程で原告の怒りを融和する態度をとる様子が記述される。
そして、対席方式の和解での当事者の感情的言動を和解交渉の場か

ら排除するのではなく、総体的な紛争処理のための当事者間交渉の
中に組み込むことも必要な場合があり得ると指摘される。

　⑤ ①～④の検討を踏まえ、少額訴訟では、制度の設計図とのズ
レを含んだ活発な対話が、広く紛争関係者が在廷する中で行われ、
そのような対話により、様々な他者の言い分を自分の言い分に突き
合わせ、その両方を検証する機会が保障され、それ故、紛争関係者
は、各々にとって紛争を意味づける手がかりを法廷内での法的会話
から獲得できるのではないかと指摘される。そして、このような点
に「全員集合型フォーラム」として少額訴訟を再構成する契機を見
出し得ると指摘される。

(3) 民事訴訟における日常的言説や日常的観点からの声

　民事訴訟は、事件を形式的・画一的に、かつ、法的に処理するた
め、当事者本人による、法的な観点に収まらない日常的な観点から
記述・発話される言葉は排除される。しかし、民事訴訟の場で、当
事者から発せられた日常的言説や日常的観点からの声が法的言説と
交錯する可能性もある。このような点に関する研究として、ここで
は、ある医療過誤事件に関する二つの研究を取り上げる。

　この事件は、交通事故で重傷を負い、病院に入院し治療を受けた
ものの死亡した息子の両親が原告となり、医療過誤を主張し、病院
を被告として損害賠償請求訴訟を提起したというものである。両親
は、訴訟の序盤では弁護士を訴訟代理人として訴訟追行したため、
病院との間では、法的にまとめられた主張のやり取りが行われた。
しかし、法的な形でなされる主張が自分たちの本当の問題を反映し
ていないと考えた両親と、法的な観点から見た最善の処理を主張す

る代理人弁護士との間で、両親が独自に作成した陳述書の提出等をめぐって対立が生じた。その結果、両親は代理人弁護士を解任し、以後の訴訟追行を本人訴訟で行い、そこで両親から提出された準備書面・陳述書や母親による証人尋問では、法的な語りのみならず日常的な語りも多くなされた。

　この事件に関して、まず、アメリカの人類学者ジェイムズ・クリフォードが文芸批評から示唆を得て展開した、民族誌記述におけるアレゴリー（どの言説・物語も、その字義通りの意味を超え、常に別の概念や出来事のパターンに言及することを前提として、読者や聞き手が、あるテクストを読んだり語りを聞いたりするときに、そこでの読み・聞きを通じて、さらに別の物語を想起したりそれに置き換えたりする実践を示すものとされる）の議論に依拠し、民事訴訟の法廷で法的言説と日常的言説が各々に内在するアレゴリー的位相を通じて相互に作用する様相を分析した研究（和田 2020b：159 頁）がある。

　この研究では、まず、専門的な法的言説・医学的言説につき、「専門性対日常性（専門家対素人）」という図式を前提に、「専門家による弱者の救済」「法による秩序の形成」というアレゴリー作用により、当事者の個々の体験に根差す言説を抑圧する方向に作用するとし、表面的には善意に満ちているものの抑圧的な「弱者救済」「秩序形成」のアレゴリーのみが現出する法廷言説の構造が問題とされる。そのうえで、代理人弁護士の解任後に、両親が準備書面や陳述書での記載や証人尋問の場でなした、訴えの目的（「なぜ息子が死ななければならなかったのか、真実を知りたい」等）、治療段階における息子の苦しみ（「海老のように身体を折り曲げ苦しみながら腹痛を訴え吐血した」等）等に関する、事故をめぐる両親の体験に根差し

た「迫力」を持つ語りが喚起する、「不慮の死をめぐる苦悩」「親と子」というアレゴリー的物語が、両親の語りに整合性と真摯な思いを読み取ることを可能とする説得力を持たせる解釈を生み出すと分析される。

　また、同じ事件につき、個別的な体験や痛みが明快なアレゴリー喚起力により「理解可能な話」としてきれいに了解されればされるほど、逆に語りの迫力が薄れてしまうという矛盾に陥る恐れがあるのではないかとの問題意識から、アレゴリーと協働して個別的な体験や痛みに関する語りに迫力をもたらす、媒介無しで出来事を直接知覚させる声の力を分析する研究（西田 2019：129 頁）がある。

　この研究では、母親による医師の証人尋問で、息子が吐血した時の医師との会話を母親が繰り返し「再生」したことが指摘される。そして、ナチス・ドイツによるホロコーストを扱ったある映画の解釈を通して、同作品の監督クロード・ランズマンがホロコーストという出来事を実物大に復元するために作り出した「新たな形式」（当時と同じ身振りの反復の要求）の核心から、「身構えの回復」を展開する心理学の議論に依拠し、息子が吐血した当時の会話を母親が再生したこと、すなわち、過去の声の再生が、「不慮の事故で子を失った母親」というアレゴリーが「分かりやすい話」として受け取られる危険性から語りの迫真性を救い出した旨、および、母親による過去の声の再生が、位置づけられた主体間の一回の出来事を聞き手に直接知覚させ、また、その出来事に関わった者に、当時と同じ身構えの回復を迫り、裁判官をはじめとする聞き手も、「子を失った母」というアレゴリー理解のうえに、「子を失った母とあなたとの関係」として母親の声を聞くことになる旨を論じる。

（4）死別の悲しみと民事訴訟

　家族や親密な関係にある者との死別の悲しみが関係する事件で
も、民事訴訟は形式性・画一性を指向し、事件の具体性を排除す
る。この問題を考える研究として、大学サークルでの飲酒の強要に
起因する事故で死亡した息子の両親が、サークルの学生らを被告と
する損害賠償請求訴訟を提起したという事件につき、両親の視点に
立ち、事件の発生から両親・学生間の直接交渉、民事訴訟、訴訟上
の和解による訴訟終了、および、その後に至るまでをエスノグラ
フィカルに記述し、「死別の悲しみ」と法制度との関わりを分析す
る研究（小佐井 2004：468 頁、同 2006：312 頁、同 2007：350 頁）か
ら、民事訴訟が関係する部分を取り上げる。

　この研究では、裁判所での出来事の一つとして、原告両親側から
「親の意見陳述を入れたい」として両親の本人尋問を申し入れたと
ころ、裁判長が強く拒絶し、両親の代理人弁護士の抵抗により、父
親のみ本人尋問が採用された（もっとも、実際の尋問では、「意見陳
述」まで至らなかった）ということがあり、このことにつき、両親
が「裁判の公平性を疑った」等と語ったことが記述される。この点
につき、両親が自身の役割を「息子の代弁者」と定義していたと見
たうえで、両親にとっては自分たちの「親としての心情」を述べる
唯一の機会であるはずの原告本人尋問が、裁判長の訴訟指揮で適切
に考慮されず一方的に排除・制限されていく印象を受けたものと思
われるとされる。そして、両親による素朴な意味での「裁判の公平
性」批判には、息子を亡くした「親としての心情」を裁判官・法廷
が聴くことなしに公平・妥当な判断が下せるのかという、素朴だが
根本的な問いかけが含まれていると評価されたうえで、被告学生の

側は本人尋問が採用され自分たちの弁明を十分に行えたことに鑑みて、原告・被告双方の立場に対するバランスの面から配慮に欠けたものと両親には捉えられていると評価される。

　また、後日、学校事故で子供を亡くした両親が提起した損害賠償請求訴訟の本人尋問で「親の（心情についての）意見陳述」にかなりの時間が割かれていたのを母親が傍聴し、不公平であるとの感想を述べたことを記述し、自分たちの裁判では出来なかった「親としての心情」を直接自分の声で語ることが、裁判官次第では可能になるものと母親が理解し、裁判官の（事件ごとの）裁量判断に対する「公平性」の見地から疑問を呈しているものと見得るとされる。

　さらに、この研究では、両親が訴訟上の和解の席に息子の遺影を持ち込もうとしたところ、「裁判官の心証を悪くする」として代理人弁護士から止められ、自分たちの「親としての心情」よりも「裁判官の心証」を懸念する弁護士の姿勢につき、両親が批判的に語ったことが記述される。このことにつき、従来一般的に裁判官が、審理の客観性や法廷の秩序の維持等を理由に、法廷への遺影や位牌の持ち込みを許可しないことが多かったとされることに鑑みると、代理人弁護士の振る舞いも理解できないわけではないとはいえ、訴訟の場に息子の遺影を持ち込むことが、両親にとっては「訴訟内での息子の不在」を解消するための象徴的な行為として意味づけられていたとされる。

　そして、この研究では、「死の社会学」の知見に基づく「二人称の死」（二人称で呼びならわされる親しい他者の死であり、この死については、死者と遺された者の間の「継続する絆」を重視し、周囲の者もこの関係性に寄り添うことが基本的な考えとなるであろうとされる）と

「三人称の死」（三人称で呼びならわされる、一般的な他者やそれほど親密ではない他者の死）の区別が導入され、民事訴訟の場は、形式的平等性を前提とする限り「三人称の死」認識の側に立つものの、個別性要請と一般性要請のせめぎ合いの中で「二人称の死」認識を適切に組み入れる配慮や制度的努力が求められると論じられる。

4 臨床的アプローチによる民事訴訟研究からの 示唆 ● ● ●

ここでは、民事訴訟の場に関する、臨床的アプローチによる法社会学研究から、民事訴訟法学がどのような示唆を得ることができるかという点を検討する。

(1) エスノメソドロジーによる民事訴訟研究からの示唆

エスノメソドロジー・会話分析の特徴の一つとして、対象の類型的な記述が、しばしば観察者自身の実践的関心（現状の批判・改善等）に基づいているが故に、対象の自然な秩序性を覆い隠すとして、対象に対し実践的に働きかける関心を取り去って対象を解明することを目指し、（第一義的には）社会の批判・改善や規範理論の構築に関心を向けないという点があり、これを「エスノメソドロジー的無関心」という（樫村 1998：4 頁、山田 2017：136 頁）。

しかし、エスノメソドロジー・会話分析による研究が規範的議論に貢献できないわけではないと考えられる。例えば、（模擬）刑事裁判の証人尋問のビデオ録画データを、法科大学院等での臨床法学教育（方法）に関連する規範的議論と接続し得る形で、エスノメソドロジー・会話分析に依拠して分析する研究（北村 2012：150 頁、

同 2013：239 頁）があり（以上、山田 2017：140 頁注(11)に多くを負
う）、これらの研究の知見は民事訴訟にも応用し得る。

　また、エスノメソドロジー・会話分析は現状の批判・改善に関心
を向けないとはいえ、これらの立場の研究成果を外から見る他分野
の研究者が何らかの示唆を得ることまでは排除されないのではない
かと考えられる。この考えが正しいとすれば、例えば、好井教授や
山田富明教授の研究から示唆を得て、民事訴訟等での裁判官や家庭
裁判所調査官（のような手続主宰者）が手続内で行使する権限の権
力性を改めて認識し、そのような権限行使に係る手続主宰者の裁量
の適切な規律やそのための規範理論を民事訴訟法学者が検討するこ
とがあり得る。

(2)　解釈法社会学による民事訴訟研究からの示唆

　解釈法社会学の立場やその影響下にあると考えられる立場からの
民事訴訟研究が明らかにした、具体的紛争に関する感情的問題・社
会関係的ないし人間関係的問題等を抱えた当事者・紛争関係者によ
る、法制度の枠組みを超える様々な活動についての知見は、民事訴
訟法学への根本的な問いを突きつける。ここでは、民事訴訟制度の
目的論の観点から、若干の検討を行う（民事訴訟制度の目的論に関す
る現在の各学説の概要につき、青山 2009：4 頁、高橋 2013：1 頁、新
堂 2019：1 頁）。

　近年では、民事訴訟制度の目的論を問う意義自体についても議論
される。しかし、民事訴訟は法的な紛争処理手続であるとはいえ、
その場に上る紛争は具体性を持ち、かつ、様々な非法的要素を多か
れ少なかれ孕まざるを得ない。故に、民事訴訟法に関する規範理論

が想定していない非法的な諸々の事象を前に、それを異物として排除せず、正当に受け止めることが、民事訴訟に対する、非合理的であるが聞くべき点も多い批判に対し、誠実に応答し、当事者や紛争関係者の納得を少しでも得られる制度の構築のために必要であり、その出発点として民事訴訟制度の目的を問うことは有益なのではないかと筆者は考える。そのような観点から、筆者は、民事訴訟制度の目的論につき、理念的な法制度・法理論と具体的かつ多種多様な紛争・紛争当事者との関係をめぐる解決不可能な問いに対していかに身構えるかという態度決定の問題であるとする見解（上田2001：730-731、768頁）から示唆を得て、若干の私見を示す。

　解釈法社会学の立場やその影響下にあると考えられる立場からの民事訴訟研究が提示した様々な事象に対しては、民事訴訟等の手続自体の側でも、可能な範囲で受容・対処するための議論の提示が必要ではないかと筆者は考える。もっとも、現時点で筆者が何らかの見解を確立することは到底なし得ないものの、以下、この問題を民事訴訟法学者の側から検討する際に留意する必要があると考える点を挙げたうえで、今後の方向性を示す。

　まず、本章3で取り上げた各研究で分析された事案のような場合については、民事訴訟の場に非法的な要素を導入することにより（その程度については検討の必要があるものの）、そこでの紛争処理に関する当事者や紛争関係者のニーズを満たすことや不満を和らげることが（少なくともある程度は）可能なのではないかと考えられる。しかし、民事訴訟の場に非法的な要素を取り込むことが、かえって当事者や紛争関係者にとって望ましくない結果を惹起する可能性があり得る。そのような例を示す研究として、労働契約の更新拒絶に

より失職した教師が学校法人を相手取り提起した雇用関係確認等請求訴訟で、被告学校法人側の「原告＝教師不適格」との主張に対し、原告も「教師としての適格性」という「非法的争点」につき「能動的に」応答したものの、第一審で請求棄却判決を受け、この判決を自身の全人格的な否定を意味するもののように受け止め、精神的に堪え難いダメージを被ったという事案に関する研究（土屋 2004：151 頁）がある（ただし、この研究は、民事訴訟の場に非法的な要素を持ち込むことを否定するものでは決してなく、当事者が自身にとって不可欠な「非法的争点」を必要に応じ訴訟で主張することを可能にするとしても、当事者等による審理過程や判決に対する過剰な意味づけを受け流すようなシステム構築の必要性を論じる）。もちろん、非法的な要素といっても様々な位相があり、各々の要素を民事訴訟の場に持ち込むことによる効果や逆効果の程度や態様も様々であると考えられるものの、当事者や紛争関係者にとっての、非法的な要素を民事訴訟の場に取り込むことのメリット／デメリットについては、きめ細かな検討が必要なのではないかと筆者は考える。

　また、客観性・形式性を特徴とする近代的な社会科学や法制度が、そこから外れるものに対する抑圧性を持ち得るとの、解釈法社会学による批判は、当事者や紛争関係者の視点から民事訴訟制度の規範的考察を行う場合にも、真摯に受け止めるべきものであると筆者は考える。他方で、古くはドイツの法学者ルドルフ・フォン・イェーリングが、「形式は、恣意の仮借なき敵、自由の双生児」と論じ（R. v. Jhering 1874, S.471, 田中 2011：328 頁）、近年の法社会学者の研究でも、近代法の抽象的「形式」が、人々が行為に込めた意味や自らの正義の感覚等の具体的「内容」を不可視化・排除するこ

とで、人々から「声を奪う」が、同時に、人々を出自・偏見・社会的スティグマという「内容」から解放し、権利主張の形で自分の状況や立場等を表現する手段を与えるという意味で、人々に「声を与える」という二律背反が論じられる（望月 2001：232、233-247 頁）。そして、これらの研究が指摘する、近代的な法制度、ひいては民事訴訟制度が持つ形式性が人々の自由を保障したり「声を与え」たりするといったメリットが過小評価されるべきではないと筆者は考える（もちろん、解釈法社会学が恣意や専断等に対し無批判であるというのでは決してない）。そして、このような観点から、現在の民事訴訟制度の形式性のメリットを生かしつつ、具体的な当事者や紛争関係者が抱える様々な非法的要素をどのように受容するのかという点を検討することが必要なのではないかと筆者は考える。

　これらの点を踏まえ、筆者は、訴訟過程での当事者（や紛争関係者）の関わりや主体的な紛争処理の場を保障する過程志向の目的論を思考の基礎に置こうと考える。具体的には、両当事者の実質的な対等化を図り、各々の役割分担ルールに基づき訴訟での討論・対話を展開する手続の保障を民事訴訟制度の目的とする「手続保障説」（井上 1993：1 頁）、および、民事訴訟が法的な救済過程であることを直視し、手続保障に最大の配慮を行い、既存の実体法をも一応の指針としながら、当事者間で以後の行動の指針となるべき救済内容を創出できる「法的救済のフォーラム」の保障・充実を民事訴訟制度の目的とする「救済保障説」（川嶋 2006：25 頁）である。そして、これらの目的論を思考の基礎に据え、上で提示した問題に取り組み、自分なりの望ましい民事訴訟制度のあり方を、規範の学たる民事訴訟法学に接合可能な形で提示することを目指したい。

〈引用文献〉　＊五十音順

青山善充（2009）「民事訴訟の目的と機能」伊藤眞＝山本和彦編『民事訴訟法の争点』有斐閣

井上治典（1993〔初出 1983〕）「民事訴訟の役割」同『民事手続論』有斐閣

上田竹志（2001）「民事訴訟の目的論に対する現代思想的考察」法政研究 68 巻 3 号

樫村志郎（1991）「労働仲裁の社会学的秩序」『民事手続法学の革新　三ヶ月章先生古稀祝賀（上巻）』有斐閣

――（1992）「法律的探究の社会組織」好井裕明編『エスノメソドロジーの現実』世界思想社

――（1997）「視線と法廷」山崎敬一＝西坂仰編『語る身体・見る身体』ハーベスト社

――（1998）「エスノメソドロジーとは何か？」日本ファジイ学会誌 10 巻 1 号

川嶋四郎（2006〔初出 2004〕）「民事訴訟過程における救済展望とその指針――『救済の世紀』としての 21 世紀の民事司法展望」同『民事救済過程の展望的指針』弘文堂

北村隆憲（2012）「誘導尋問に対する証人の『はい／いいえ』を超える返答の帰結――法廷尋問のミクロ分析」法曹養成と臨床教育 5 号

――（2013）「反対尋問のビデオ・エスノグラフィー――弾劾と防御の方略とコミュニケーション・トラブル」鹿児島大学法学論集 47 巻 2 号

小佐井良太（2004、2006、2007）「飲酒にまつわる事故と責任（一）〜（三・完）――ある訴訟事例を通して見た死別の悲しみと法」九大法学 88 号、93 号、94 号

新堂幸司（2019）『新民事訴訟法（第 6 版）』弘文堂

高橋宏志（2013）『重点講義民事訴訟法(上)(第 2 版補訂版)』有斐閣

田中成明（2011）『現代法理学』有斐閣

土屋明広（2004）「訴訟過程において誘発される紛争当事者の『能動性』――教師不適格を理由とした私学教員解雇事例をめぐって」九

大法学 89 号

仁木恒夫（2002）『少額訴訟の対話過程』信山社

西田英一（2019〔初出 2004〕）「身構えとしての声——交渉秩序の反照的生成」同『声の法社会学』北大路書房

前田泰樹ほか編（2007）『ワードマップ エスノメソドロジー』新曜社

望月清世（2001）「ライツトークの語れなさ——法の言説分析と『語られないこと』の位置」棚瀬孝雄編著『法の言説分析』ミネルヴァ書房

山田恵子（2017）「エスノメソドロジー・会話分析は《法》をどう見るのか」法社会学 83 号

山田富秋（1991）「司法現場における『権力作用』——マクロとミクロを結ぶ理論」社会学研究〔東北社会学研究会〕58 号

好井裕明（1994）「法的言説空間における権力作用の解読」棚瀬孝雄編『現代の不法行為法』有斐閣

R. v. Jhering〔ルドルフ・フォン・イェーリング〕（1874）Der Geist des römischen Rechts, 3. Aufl. 2. Teil

和田仁孝（2020a）「臨床知としての法社会学——解釈法社会学と実践」同『法の権力とナラティブ』北大路書房

——（2020b〔初出 2001〕）「法廷における法言説と日常的言説の交錯——医療過誤をめぐる言説の構造とアレゴリー」同『法の権力とナラティブ』

〈参考文献〉

井上正三「訴訟内における紛争当事者の役割分担——多様化した紛争解決手続の相互関係」民事訴訟雑誌 27 号（1981 年）185 頁

樫村志郎『「もめごと」の法社会学』（弘文堂、1989 年）

和田仁孝『民事紛争処理論』（信山社、1994 年）

　　同　　『法社会学の解体と再生』（弘文堂、1996 年）

第 15 章
刑事法と臨床アプローチ

1　日本は安全な国か？

　次頁の図1を見てほしい。わが国における刑法犯の認知件数（犯罪の発生について警察や検察が把握できた数）は1988（平成元）年以降年々増加し、2002（平成14）年には285万4,061件に達し、戦後最多となった。しかしその後は減少を続け、戦後最少を毎年更新している。1999（平成11）年以降急激に認知件数が増加した背景には、警察の取り締まり方針の変化が大きな要因の一つとして指摘できる。これは、1999年10月に発生した「桶川ストーカー殺人事件」における警察の捜査の不手際（その後、遺族から国家賠償法による損害賠償請求がなされ、これが認められている）等に対する社会からの強い反発を受け、警察はその後、被害者からの被害届や告訴を原則受理する方針に変えたことが関係している。警察が被害者や市民からの届出や相談に積極的に対応し、犯罪取締りを熱心に行えば行うほど、犯罪の認知件数は減らずに、逆に増加するのである。これは犯罪統計の皮肉な側面の一つであろう。

　ところで、刑法犯の認知件数においては窃盗の占める割合が大き

234

く、2020年においても約7割を占めている。ところが、2003年以降は窃盗についても減少し、このことが刑法犯全体の認知件数の減少に大きく影響している。その大きな原因は、乗り物盗の減少であ

図1：刑法犯 認知件数・検挙人員・検挙率の推移

（昭和21年〜令和2年）

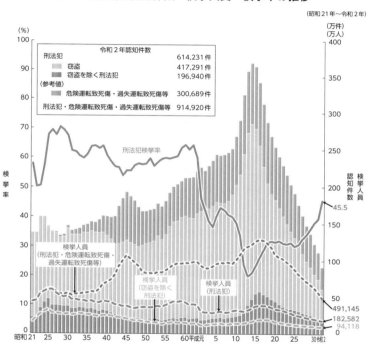

注 1 警察庁の統計による。
　　2 昭和30年以前は、14歳未満の少年による触法行為を含む。
　　3 昭和40年以前の「刑法犯」は、業務上（重）過失致死傷を含まない。
　　4 危険運転致死傷は、平成14年から26年までは「刑法犯」に、27年以降は「危険運転致死傷・過失運転致死傷等」に計上している。

出典：令和3年版犯罪白書1-1-1-1図

る。2001（平成 13）年以降全国の警察が自動車やオートバイの不正
輸出対策を強化したこと、またシャッタキーやイモビライザーの普
及なども功を奏したと言える。

　本章の図 1 から分かるように、2020（令和 2）年はコロナ禍の影
響で外出や社会生活の機会が減少したこともあり、犯罪の認知件数
の減少幅は近年においてもとくに大きかった。しかし、児童虐待や
DV（ドメスティック・ヴァイオレンス）など家庭内や親密な関係の
中で起こる被害は、ステイホームの影響を受け、増加していること
も懸念される。

　わが国は世界で最も安全な国の一つであると言えるであろう。高
度に産業化された社会でありながら、治安が非常に安定している理
由は何であろうか。一般市民が銃を所持・携帯することが許されて
いないこと（わが国では豊臣秀吉が 1588 年に行った「刀狩」以降、厳
しい武器統制がひかれている）は大きな一因であることは間違いな
い。また、事件を起こすことで「家族や世間に迷惑がかかる」（「世
間」はわが国独特の概念だとも言われている）といった、恥の概念や
インフォーマルな社会統制がいまだ強い社会であることも影響して
いるであろう。表 1 は日本と米国、英国、フランス、ドイツの間
で、主要な犯罪の犯罪発生率（人口 10 万人あたりの犯罪の認知件数）
を比べたものである。とくに凶悪犯罪については、日本におけるそ
の犯罪発生率は非常に低いことがわかる。しかし、殺人事件につい
て言えば、日本における法医学者の不足は他国と比べて低い殺人の
犯罪発生率に大きく関係しているかもしれない。2014 年の警察庁
の統計によると、2013 年中に日本国内で発生した死因不明の「異
状死」のうち、司法解剖が行われたのはわずか 11.7 ％に過ぎず、

表 1：各国の犯罪発生率比較

	殺人				強盗				
	日	米	英	独	仏	日	米	英	独	仏
2013	0.3	4.5	0.9	0.8	1.2	2.6	109.1	92.8	58.2	195.1
2014	0.3	4.4	0.9	0.9	1.2	2.4	101.3	80.3	55.8	177.7
2015	0.3	4.9	1.0	0.8	1.6	1.9	102.3	80.9	54.6	161.5
2016	0.3	5.4	1.2	1.2	1.4	1.8	103.0	92.7	52.3	161.5
2017	0.2	5.3	1.2	1.0	1.3	…	98.6	118.7	47.0	154.3

	窃盗				性暴力				
	日	米	英	独	仏	日	米	英	独	仏
2013	528.4	2,734.5	3,098.9	2,200.3	3,050.0	7.1	—	102.9	43.5	43.5
2014	472.1	2,576.0	2,925.5	2,242.6	3,080.7	6.7	—	137.4	42.9	48.2
2015	427.4	2,500.7	3,016.1	2,285.7	3,017.2	6.2	—	180.3	41.9	51.6
2016	381.3	2,454.5	3,191.8	2,169.1	2,978.1	5.6	—	204.3	45.2	58.0
2017	…	2,363.4	3,388.4	1,906.3	…	…	—	248.9	42.1	64.1

出典：『令和 2 年版犯罪白書』1-3-1-1 表、1-3-1-2 表、1-3-1-3 表、1-3-1-4 表をもとに作成。
なお、これらの数値は UNDOC Statistics, Criminal Justice に依っている。

　これは諸外国と比べると数分の 1 程度しかない。2020 年 4 月 1 日に「死因究明等推進基本法」が施行され、死因究明に関する施策の計画的推進が目指されている。法医学者や警察の検視官を増やし、死因究明を推進していけば、日本においても殺人事件の犯罪発生率が現状よりも高くなるかもしれない。また、性犯罪事件の発生率が低いことについては、事件そのものが少ないことだけが理由ではないであろう。被害者が二次被害をおそれる等、届け出ることのハードルは、諸外国と比べてもわが国においてはとくに高いと考えられ、その結果、暗数化してしまっている事件が多いという可能性もある。

2　犯罪と刑罰　●　●　•

(1)　犯罪とは何か？

　他者から受ける行為の中で不快なものは世の中に色々ある。しかしそのすべてが犯罪ではない。犯罪とは文字通り、"「罪」を犯す"ことであるが、その「罪」とは、刑法に代表される刑罰法令にリストアップされた行為にあたるもののみを指す。つまり、犯罪とは、構成要件（刑罰法令に規定された犯罪行為の定型、枠組み）に該当し、違法（ある行為ないし状態が法令に違反しており、法益が侵害される危険が惹起されていること）で、有責（刑事責任を負担し得る能力が行為者にあること）な行為を指す。どのような行為が犯罪にあたるか、その場合いかなる刑罰が科せられるかは、事前に法律（成文法）によってのみ決められる。これを罪刑法定主義といい、近代刑法の大原則である。

(2)　刑 罰 制 度

　犯罪に対しては刑罰が科せられることが予定されている。刑罰とは、犯罪を行った者に対する不利益処分であり、苦痛の付与である。加害者は犯罪を犯したことで、被害者や社会に対し「害悪」を与えたわけであるから、それに対して何らかの不利益処分を与えられるわけである。なぜ犯罪者は罰せられるのかについてもう少し考えてみよう。刑罰の本質は「応報」にあるとする考え方（応報刑論）と、犯罪者を更生させるための「教育」にあるとする考え方（教育刑論）に大きく分かれる。また、刑罰の目的には、広く一般社会に対する威嚇効果（一般予防）と、犯罪者を社会から隔離し、更生さ

せることで再犯を予防すること（特別予防）がある。刑罰は苦痛の付与であるから、その本質は「応報」であるが、将来の犯罪を防止するためにも科されるのである。つまり、刑罰は応報刑を本質としつつ、一般予防と特別予防を目的とするのである（相対的応報刑）。

　刑法 9 条はわが国の刑罰を「重い順番に」列挙している。それらは、死刑、懲役、禁錮、罰金、拘留、科料、没収の 7 種類である（懲役刑と禁錮刑は「拘禁刑」として一本化される予定である。後述）。身体の損傷や鞭打ちなどの身体刑や、名誉にかかわる権利や社会的地位をはく奪する名誉刑は現在の日本では採用されていない。

（i）死 刑 制 度

　死刑の存廃をめぐっては、犯罪者改善の余地を残さず、教育刑の理念に反する死刑は廃止されるべきとする意見（存置派は、死刑が応報刑である点を重視する、以下（）内は存置派の見解）、死刑は残虐な刑罰であり許されない（わが国の死刑執行方法である「絞首刑」が特に残虐だとは言えない）、死刑には抑止力がない（抑止力がある）、誤判の場合取り返しがつかない（誤判の可能性は死刑に限ったことではない）など、存置と廃止それぞれの立場からの意見が対立している。では民意についてはどうであろうか？ 内閣府は 5 年に 1 度死刑制度についての世論調査を行っている。2019 年 11 月実施の調査（無作為に抽出された 3,000 人を対象）では、「死刑もやむを得ない」80.8 ％、「死刑は廃止すべきである」9.0 ％、「わからない、一概に言えない」10.2 ％となっている。年代別にみると、10 〜 20 代で「死刑は廃止すべきである」と答えた者の割合が高い一方、「死刑もやむを得ない」と答える人の割合は 30 代において多い。

　ところで、死刑制度についてどのような意見を持つとしても、被害者感情をどう考慮するかは重要な問題である。死刑求刑事件ということは、被害者の尊い命が残虐な方法で奪われたことを意味し、被害者遺族の厳罰感情が峻烈であることは当然のことであろう。しかし、応報として加害者の命を奪うのではなく、加害者には一生かかって事件のことを考えてほしいと願い、死刑制度に懐疑的な立場の被害者遺族もいることも忘れてはならない。例えばアメリカでは、Murder Victims Family for Human Rights（人権のための殺人被害者遺族の会、MVFHR）という民間団体がある。MVFHR のメンバーは殺人事件の被害者遺族が中心であるが、死刑囚の家族と交流しながら、死刑廃止の活動を行っている。MVFHR は、加害者を死刑に処すことによっては被害者遺族の心情が慰謝されないことや、死刑囚の家族への支援の必要性、加害者が生涯をかけて自分の犯した行為に対する償いを考え抜くプログラムの重要性などを主張している。わが国においても、1983 年に発生した保険金殺人事件で弟を殺害された男性が死刑制度の廃止を求めて「Ocean ——被害者と加害者との出会いを考える会」が 2007 年に設立された。MVFHR や Ocean の活動は多くの被害者団体から見るとマイノリティであることは間違いない。しかし、死刑制度に懐疑的である被害者の声もまた尊重されなければならない。"被害者は死刑を望むものである" というステレオタイプを社会が持ってしまうことによって、こうした被害者の意見を排除したり、軽視することはあってはならない。

　1991 年の国連の「死刑廃止条約（自由権規約第二選択議定書）」発効後、世界的にみると死刑制度は廃止の潮流にある。2020 年 12 月

31 日時点で、死刑制度を完全に廃止している国の数は 108 ヵ国、通常犯罪のみ廃止している国が 9 ヵ国、10 年以上執行していない国が 28 か国、死刑を存置している国が 55 ヵ国である（AMNESTY 調べ）。EU 加盟の条件の一つに死刑廃止があるため、ヨーロッパ諸国のほとんどは死刑を廃止しており、G7 加盟国では日本とアメリカのみが死刑の存置国である。しかしアメリカについても、2021 年 7 月末時点で、存置州が 25 州、廃止州が 22 州と DC 特別区、知事によるモラトリアム（執行停止）措置がとられている州が 3 州と拮抗しており、また存置州においても長年執行が行われていない州が多い。アメリカでは死刑求刑事件となると、裁判と執行の手続において、通常の刑事事件で求められる適正手続を超える「超適正手続（スーパー・デュープロセス）」が要求され、死刑制度の維持と運営に多額の税金が投入されている。その結果、死刑制度をめぐる住民投票では「コスト（税金）」が重要な論点の一つとなる。

　また、アメリカでは死刑執行には被害者やマスコミの立ち合いが許可されることも多い。一方、わが国では死刑制度の情報開示は非常に限定的である。法務省が死刑執行当日に執行の事実およびその人数を公表するようになったのは、1998 年 11 月以降であった。執行された死刑囚の名前を公表するようになったのも 2007 年 12 月以降である。マスコミに対して刑場が初めて公開されたのは 2010 年 8 月である。わが国でも死刑についての情報（死刑制度の維持にどれぐらいの予算がかかっているか、終身刑に代替された場合との違いは？等）がもっとオープンにされるべきである。十分な情報を知らされたうえで、市民が死刑制度の是非について議論を行う必要があるのではないだろうか。

(ii) 刑事施設と犯罪者の更生

懲役・禁錮・拘留は犯罪者の自由を奪う刑罰であり、自由刑と呼ばれる。懲役刑受刑者は刑事施設内における作業（刑務作業）を行う必要があり、作業に対しては受刑者の出所時に作業報奨金が支払われる。刑務作業の内容は木工、印刷、洋裁、金属および革工などが主な内容である。製品については矯正協会刑務作業協力事業（CAPIC）が販売を請け負い、ネット販売も行われている。2020 年度における受刑者一人当たりの予算額は 4,320 円であった。受刑者の出所後の更生準備や、また被害者への賠償のためにも、この金額では少なすぎるという批判や、刑務作業の内容が出所後の就職に直結していないのではないかという疑問も指摘されている。ところで2016 年中に刑事施設に入所した受刑者について見てみると出所後 2 年以内に 17.3 %（満期釈放者は 26.5 %、仮釈放者は 11.3 %）が、5 年以内に 36.7 %（同 47.3 %、29.0 %）が再入所している。社会は受刑者に刑事施設のなかで作業に従事するよりもむしろ矯正教育をしっかり受けてほしいと考えるかもしれない。ところで、受刑者の大部分は懲役刑を執行されており、数少ない禁錮受刑者の 9 割近くは請願して刑務作業を行っている。懲役と禁錮をわざわざ分ける必要性は低い。こうした観点から、2022 年の刑法改正によって、懲役と禁錮は拘禁刑として一本化され、また作業よりも矯正教育により比重を置いた自由刑が設計される予定である。

犯罪者の更生は刑事施設だけで行われるわけでも、そこで完成するわけでもない。管理の厳しい刑事施設の中ではそもそも再犯はできない。自由にできる社会の中で生活しながらも、犯罪と親和的な生活を送らないことが達成できてこそ、社会復帰といえる。刑事施

設で行われる施設内処遇から社会内処遇にどううまく引き継ぐかが重要である。「犯罪者予防更生法」と執行猶予者保護観察法の整理・統合を目的とし、2007 年に「更生保護法」が成立し、2008 年6 月 1 日に施行された。そこでは再犯防止と改善更生が社会内処遇の基本に据えられている。わが国においては社会内処遇として、仮釈放（刑法 28 条）、保護観察、更生緊急保護の制度がある。保護観察は成人犯罪者や非行少年に対し、社会内で自律的な生活を営ませながら、一定の遵守事項を示して、指導監督、補導援助を行う処遇方法であり、保護観察官と保護司（法務大臣から委嘱された民間のヴォランティア）の協働で実施されている（更生保護法 60 条、61 条）。保護司制度は刑事司法において市民が参加する制度としても重要である。また保護司によっては、自宅で保護観察中の対象者と面談するなど、いわば「人間同士の絆」に重きを置いた更生支援が行われており、海外の研究者や実務家からも注目されている。一方、保護司が名望職化しているという批判や、高齢化の問題も指摘されている。2004 年には 76 歳以上の者を再任しない定年制も導入されたが、定員の確保と若年層の獲得が大きな課題となっている。

(iii) 再犯防止への取り組み

　再犯を効果的に防止することは重要な課題である。2020 年の新規入所受刑者中再入所者が占める割合は 58.0 ％であり、この率は2004 年以降、ほぼ一貫して上昇傾向にある。ところで、読者は再犯者率と再犯率の違いを理解しておられるだろうか。「再犯者率」とは、何らかの犯罪で検挙された者の中に占める再犯者の比率である。一方、犯罪で検挙された者が、その後の一定期間内に再び犯罪を犯すことがどの程度あるのかを見る指標は「再犯率」である。再

犯者率も再犯率も、同種の犯罪に限定して測ることもあれば、犯罪
一般についてみることもある。再犯率の測定は困難である。報道等
ではこの二つの概念は混同して使用されていることが多いが、多く
の場合は「再犯者率」を指している。2019 年中に刑法犯で検挙さ
れた者の再犯者率は 48.6 ％であり、この率は 2001 年以降増加し続
けている。再犯防止対策が喫緊の課題であることから、2018 年 12
月 14 日に「再犯の防止等の推進に関する法律」が公布および施行
された。この法律のもとでは、地域の状況に応じた再犯防止対策を
策定するにおいて国と地方公共団体の責務が明確にされている。再
犯防止のためには「居場所＝住居」と「出番＝仕事」が重要である
とされている。後者については、就労支援を行うとともに、賃金の
発生する「仕事」に限らず、その者が自身の「存在意義を感じるこ
とのできる場所」づくりを行うためのネットワークをどう構築でき
るかも、重要となろう。また、再犯を繰り返す者に対しては、刑罰
だけでなく、別のアプローチも必要になろう。選択肢の一つは治療
的司法（Therapeutic Justice）である。犯罪を繰り返す者が持ってい
る問題（依存症等）に対する治療を含め、その者が自身の問題をコ
ントロールして生活していくことをサポートしつつ、社会への再統
合を図ることにも重点が置かれるべきである。このように考える
と、犯罪者の更生は、施設における処遇や社会内で行われる保護観
察で完結するのではなく、社会が「受け皿」としてどのような役割
を果たせるかという視点が求められるであろう。

📡(3) 犯罪をめぐる新しい課題——性犯罪を通してジェンダーと犯罪を考える

既にみてきたように、わが国において犯罪の認知件数は減少し続けている。一方、個別の犯罪類型を見ると、近年大幅に増加傾向にあったり、あるいは高止まりしている犯罪類型もある。例えば強制性交等は 2017 年以降増加傾向にあるし、DV や児童虐待についても 2014 年以降大きく増加している。ここではこれらの犯罪のうち、性犯罪に焦点を当て、その対策と課題について考える。

性犯罪被害は「魂の殺人」と表現されることもあるように、被害者は事件後、長きにわたって PTSD 等に苦しめられることも少なくない。また警察や裁判における二次被害（セカンドレイプとも呼ばれる）を恐れ、被害を届け出ることをためらってしまい、その結果暗数が非常に多いことが推測される。刑事手続における犯罪被害者への配慮はわが国でも 1990 年代後半頃より進み始め、以前に比べると大幅に改善された部分も多い。一方で「性被害の多くは被害者にも落ち度がある」等のいわゆる「強姦神話」が司法においても社会においてもまだ根強く残っていることも確かである。わが国は性犯罪に対する法定刑、量刑ともに寛容過ぎると国際社会から批判されることもあった。また、混雑電車内で多発している痴漢は不名誉なことに国際的にも有名になってしまっている。

性犯罪問題への対応を求める声が社会の中でも強くなり、2014年 10 月、「性犯罪の罰則に関する検討会」が法制審議会に設置された。この検討会の報告書を受け、2017 年 6 月 16 日に「刑法の一部を改正する法律」が成立し、同年 7 月 13 日より施行された。これにより性犯罪関連の条文が大きく改正された。主な改正点は、①

強姦罪が強制性交等罪と名称変更され、処罰対象の行為を姦淫（性交）から性交類似行為に広げ、被害者に男性も含まれるようになり、法定刑の下限が懲役 3 年から 5 年に引き上げられた（刑法 177 条）；②強姦等致死傷罪（同 181 条 2 項）の法定刑の下限が懲役 5 年から 6 年に引き上げられた；③強盗と強制性交の罪を同一機会に犯した場合はその順番を問わず、いずれも強盗強制性交等の罪（刑法 241 条）で罰するものとする；④監護者わいせつおよび監護者性交等罪の新設（刑法 179 条）により、18 歳未満の者を現に監護する者がその地位を利用してわいせつや性交を行った場合、暴行や脅迫を用いなくても処罰されるようになった；④強姦罪や強制わいせつ罪の非親告罪化、である。しかし、この改正でも、強制性交等罪に「暴行・脅迫」要件が残ったことや、性交同意年齢が 13 歳のままとされた、子どもに対する性的虐待の公訴時効が撤廃されなかった等、課題は残った。

　2017 年にハリウッドから始まった「# Me Too」運動は日本においては充分に広がらなかった。しかし、2019 年 3 月に性犯罪に関する無罪判決が 4 件相次いだことに対する批判は、「フラワーデモ」というかたちで日本社会に拡がり、更なる法改正を強く求める声となった。2020 年 4 月には法務省に「性犯罪に関する刑事法検討会」が設置されたが、性犯罪被害当事者が委員の一人として入ったことも大きな特徴であった。検討会は 2021 年 5 月に「取りまとめ報告書」を提出し、法務省内では刑法改正に向けた議論が進められている。

　また、とくに、被害者が児童の場合、被害について繰り返し話をさせることは被害を何度も再体験させることになるから、避けなけ

ればならい。被害児童から正確な情報を、できるだけ負担をかけることなく聴取するための面接法である、司法面接の研修を受けた警察官や検察官等が対応することが重要である。次で説明するように、被害者が刑事裁判で証言する際には様々な配慮を行うことができる。また、新しい動きとして、2020年8月には、児童福祉法違反事件の裁判で被害児童が証言する際に犬が付き添う、法廷付添犬の活動も開始され、期待を集めている。

ところで、性犯罪については、教師によるわいせつ事件も深刻な問題となっている。教師による性加害やセクシャル・ハラスメントは、生徒にとっては抵抗しにくく、他に相談しにくいため、一層潜在化してしまう危険性がある。2021年5月に「教育職員等による児童生徒性暴力等の防止等に関する法律」が成立し、児童に対するわいせつ行為で懲戒免職となった元教員が免許更新の申請をした場合、都道府県教委は専門家らによる「教員免許再授与審査会」を設け、免許の再交付が不適切だと判断されれば拒否する権限が教委に与えられた（2022年4月1日施行）。また、わいせつ行為で免職となった教員の氏名や処分理由などを、国がデータベース化することも予定されている。このように対策は進みつつあるが、被害を受けた子どもが自分を責めることなく、少しでも早い段階で誰かに相談できる体制づくりがまずは重要であろう。

また、性的な被害を減らしていくためには、性の格差やジェンダーへの認識そのものを変えていく教育にもっと重点が置かれるべきである。わが国のジェンダーギャップ指数は世界156か国中120位（2021年）であり、G7諸国のうちでは最下位を守り続けていることからも、課題は多い。

3　変わる刑事司法制度　● ● ● ●

　わが国の刑事司法制度は 1990 年代後半以降大きな変化を遂げた。ここでは、その背景要因として、「犯罪被害者」と「市民参加」の二つを取り上げる。

(1)　刑事司法制度と犯罪被害者——「陽の当たらない存在」から「行動する被害者」へ

　犯罪によって最も大きな影響を受けるのは被害者であることは間違いない。しかし、長い間、研究者も実務家も刑事司法制度における関心の対象の中心を犯罪「加害者」に向けてきた。古代から中世にかけての、まだ司法制度が確立されていなかった社会においては、被害者は紛争の解決手段として、加害者に対して血讐や賠償の請求を積極的に行うことができた。しかし国家刑罰権が成立すると、民事刑事の峻別化が徹底され、刑事司法制度における被害者の視点はフェイドアウトしてしまった。被害者への十分な配慮が行われてこなかったことへの反省から、1960 年代より欧米諸国で被害者補償制度が整備された。またこれらの国々では、民間団体による被害者支援も 1980 年代より活発になった。わが国について言えば、1974 年に発生した三菱ビル爆破事件を主な契機として、「犯罪被害者等給付金支給法」が 1980 年 5 月に制定され、1981 年 1 月より施行された。その後、支給対象の拡大や支給基礎額の引き上げを中心とした法改正が行われ、「犯罪被害者等給付金の支給等に関する法律」が 2001 年 7 月に施行された。一方、刑事手続における被害者への配慮や精神的支援をめぐる議論は諸外国に比べるとかなり

遅く、1990年代後半になってやっと始まった。

　2000年は被害者にとっての新しいミレニアムとも呼ばれることもあるように、2000年前後に、被害者の視点を重視した立法や法改正が多く行われ、厳罰化も進んだ。一例として、2000年11月には「児童虐待の防止等に関する法律」と「ストーカー行為等の規制等に関する法律」が、また2001年10月には「配偶者からの暴力の防止及び被害者の保護に関する法律」が施行された。また、深刻な飲酒運転への対応として、2001年には刑法改正により「危険運転致死傷罪」が刑法208条の2として新設された（2014年に「自動車運転の運転により人を死傷させる行為等の処罰に関する法律」に移管）。また、2004年の刑訴法改正では公訴時効が延長され、さらに2010年の改正によって、人を死亡させた罪であって死刑に当たるものについては公訴時効が廃止されることとなった。被害者の声やニーズは具体的な要望として位置づけられ、法律の中に取り込まれていくようになった。

　刑事裁判における被害者への配慮を大きく進めたのは、2000年刑訴法改正である。この改正により、「証人への付き添い」（刑訴法157条の4）、「証人の遮蔽」（刑訴法157条の5）、「ビデオリンクを利用した証言」（刑訴法157条の6）等の配慮を行えるようになった。また同年の改正では「被害者等による意見陳述」（刑訴法292条の2）が導入された。この意見陳述は事実認定のための証拠とすることができないが（同条9項）、量刑の資料にはなり得る。この制度が入ったことは、被害者が単に「支援を必要とする存在」から「積極的に手続に参加する存在」へと、その役割を変容させたこととしても見ることができる。この流れはその後、2007年刑訴法改正により導

入され、2008年12月1日より導入された「被害者参加制度」（刑
訴法316条の33以下）として結実した。被害者参加制度では、対象
事件において被害者が希望すれば、在廷権（刑訴法316条の34）、
情状証人に対する尋問（刑訴法316条の36）、被告人への直接質問
（刑訴法316条の37）、弁論としての意見陳述を（刑訴法316条の38）
を利用できるにようになった。被害者の視点を反映させることは、
刑事裁判における判断材料を増やすことを意味するものでもあり、
適切な事実認定、量刑につながることも期待できる。また、手続に
積極的に参加することが被害からの回復に役立つ被害者もいるであ
ろう。一方で、わが国の刑事裁判は手続二分されていないことを考
えると、「被害者参加人」と加害者という構図で裁判が進められる
ことにつながり、無罪推定の原則に反するのではないか、という意
見もある。とくに否認事件においては、被害者の意見や声がイン
プットされることで、否認する被告人を非難し、犯人視してしまう
ことにつながる危険性があることにも注意が必要である。

　また、被害者支援において被害者に対する情報提供は重要であ
る。検察庁は1999年4月以降、被害者等通知制度のもとで、被害
者が希望する場合、事件の処理結果、公判期日、刑事裁判の結果等
の情報を通知している。また、2020年10月21日以降は、被害者
が希望する場合は、事件の加害者に対する死刑の執行日、執行場所
についても情報が提供されることとなった。

（2）刑事司法における市民参加——裁判員制度

　2001年6月に司法制度改革審議会（改革審）が提出した『意見
書』の中では、刑事司法制度における市民参加を大きく進める二つ

の提案が盛り込まれていた。一つは裁判員制度の創設である。もう一つは、従来からあった検察審査会制度を改正し、その起訴議決に法的拘束力を持たせるという、強制起訴制度導入についての提言である。ここではそのうち、裁判員制度について説明する。

　改革審の提言を受けて 2004 年 5 月に「裁判員の参加する刑事裁判に関する法律」（以下、裁判員法）が制定・公布され、2009 年 5 月 21 日より施行された。裁判員裁判の対象事件は重大な刑事事件に限定され（裁判員法 3 条）、これは通常第一審の約 2 ％程度に過ぎない。裁判体は原則として裁判員 6 人、裁判官 3 人で構成され、第一審においてのみ適用される。裁判官と裁判員は、実体裁判における「事実の認定・法令の適用・刑の量定」を行う。審理終了後、裁判員と裁判官は合議体による評議を行うが、評決は構成裁判官および裁判員の双方の意見を含む多数決の意見による（裁判員法 67 条 1 項）。量刑について意見が分かれた場合は、構成裁判官および裁判員の双方の意見を含む合議体の過半数になるまで、被告人に最も不利益な意見の数を順次利益な意見の数に加え、その中で最も利益な意見による（同条 2 項）。同じく刑事裁判の市民参加制度としては英米の陪審制があるが、そこでは全員一致ルールが採用されており、全員一致に至らなければ評決不能となり審理をやり直されることを考えると、それとは対照的である。この点、例えばスコットランドの陪審制度は（16 名で構成される）多数決により評決に至るが、同法域には死刑制度が無い。死刑判決においても全員一致を要求しない市民参加制度は世界的に見ても珍しい。

　裁判員候補者は、各地方裁判所管轄の市町村の選挙管理委員会が選挙権のある住民の中からくじで選ばれる。この裁判員候補者の中

からさらにくじで選ばれた候補者が裁判所において非公開の選任手続に参加する（裁判員法 32 条、33 条）。選任手続では裁判所が法定の欠格事由（同 14 条）、就職禁止事由（同 15 条）、事件に関連する不適格自由（同 17 条）に該当し、またその他裁判所が不公平な裁判をするおそれがあると認めた者（同 18 条）について、当事者の請求または職権により不選任の決定をする。検察官および弁護人は、裁判員候補者についてそれぞれ 4 人を上限として「理由を示さない不選任」（同 36 条）をすることもできる。また裁判員候補者には法定の辞退事由（同 16 条）も認められている。これらの選任手続を経て残った裁判員最終候補者の中から、さらにくじで、実際に裁判に参加する裁判員と補充裁判員が選ばれる。近年は、選任手続への出席率が低下し、大きな課題の一つとなっている。

　裁判員には厳しい守秘義務が課され、「評議の秘密」および「その他の職務上知り得た秘密」を洩らせば、6 月以下の懲役または50 万円以下の罰金に処せられる（同 108 条）。このうち、とくに「評議の秘密」は範囲が曖昧であるし、このような守秘義務を生涯課すことは、裁判員の大きな負担となるだけでなく、裁判員の経験が社会に還元されることを阻んでしまうという批判もある。

　ところで、裁判員制度が施行されて以降、刑事手続にはどのような影響が見られているだろうか。高いことで有名なわが国における刑事裁判の有罪率（99 ％以上）にはほとんど変化はなかった。死刑判決の数はやや微増した。量刑についてはほとんどの事件ではあまり大きな変化は見られないが、性犯罪事件については、量刑に顕著な厳罰化傾向が見られる。裁判員制度導入によるインパクトについては引き続き注目することが重要である。

4　修復的司法——被害者と加害者の両方のことを考えようとすることは可能か？　● ● ●

　わが国の刑事裁判は「当事者主義」の原則のもと、対審構造をとっている。ここにいう当事者とは、被告人と検察官を指す。しかし、この「対審構造」は必要以上に被告人と被害者の間の「対立」も強めてしまっている側面もある。被告人の防禦権が保障される刑事裁判においてはそもそも、被害者のためにできることには限界がある。しかし、加害者が犯罪事実を認めている場合は、被害者の声やニーズを加害者が直接聞くことは、その真摯な反省を促すために重要であることは間違いない。被害者のことを考えることなしには加害者の真の更生はあり得ない。また、犯罪は直接の被害者だけでなく、被害者の家族や加害者の家族、そしてコミュニティの人々にも影響を与える。これらの人々は加害者の更生や被害者の回復を支えるうえで重要な役割を果たす。しかしながら、現在の刑事司法制度においてはこれらの人々が意見を述べることができる機会はほとんどない。裁判員制度にはこの要素がある、という意見もあるかもしれないが、被告人や被害者の関係者は裁判員になれない。起こってしまった事件に関係の深いコミュニティ（被害者、加害者双方の家族・友人・同僚、犯罪が起こった地域の人々）にも犯罪の「事後」問題を一緒に考えてもらう方法はないのか。その答えの一つは修復的司法（Restorative Justice）である。修復的司法は諸外国において、犯罪や非行への対応として、司法制度において、あるいは司法制度外で、民間団体主導により諸外国で採用されている。伝統的な刑事司法制度と修復的司法を比較すると表2のようになる。修復的司法の形態としては、「被害者加害者対話プログラム：被害者、加害

表 2　従来の刑事司法と修復的司法を比較する

	従来の刑事司法	修復的司法
犯罪観について	犯罪は国家と法に対する侵害としての行為として見なされる。そこにおいては、どの法律に違反しているか？という問いが重要。	犯罪は何よりまず、被害者を傷つけた行為としてみなされる。犯罪により影響を受けてしまった人たちのニーズは何か？という問いが重要。
被害者について	当事者主義の刑事訴訟において関与できる機会は限定的。被害者のニーズや意見は尊重されないことも多い。	被害者のニーズや意見は犯罪の事後問題を解決する上で最大限に尊重される。その意味で被害者は中心的な役割を果たすことになる。
加害者について	加害者は自分が被害者に与えてしまった「害悪」について非難され、処罰される。そこで問われるのは、「加害者に対する適切な処罰は何か？」である。	加害者は自分が被害者に与えてしまった「害悪」を修復するための自発的責任を負うことが求められる。そこで問われるのは、「その害悪を加害者はいかにして修復できるか？」である。（その意味では、未来志向アプローチであると言える）
コミュニティについて	犯罪の事後問題解決において、コミュニティの人々の意見が反映される場や機会はほとんどない。	コミュニティの人々も犯罪の事後問題の解決において重要な役割を果たす。被害者の回復を見守り、加害者の更生をサポートするために何ができるか、を考えることが求められる。

者、それぞれの家族、（場合によっては地域社会の代表者も参加）が対話進行役の仲介のもと、対話を行う」（北米で活用）や「家族集団会議：ニュージーランドやオーストラリアで活用。先住民のマオリ族による問題解決手法に倣い、被害者、加害者、拡大家族、地域社会の人々などが一堂に会し話し合う」等がある。ニュージーランドでは、「児童、青少年及びその家族法」（1989 年）により、事実関係に争いがなければ、警察による警告にとどまる軽微事件と被害者が死亡した事件を除くすべての少年事件を家族集団会議で対応する。同国は修復的司法を法律で規定し、制度化している数少ない国の一つである。

　わが国では修復的司法は公式制度としては採用されていない。しかし、2001 年 6 月に設立された「対話の会」（NPO 法人、千葉）は主に少年事件を対象に、被害者あるいは加害者のどちらか一方からの申し込みがあった場合、対話進行役（トレーニングを受けた市民ヴォランティア）が相手方にコンタクトをとり、両者が対面に納得すれば、対話の会を開催する活動を行っている。また、兵庫県弁護士会には 2009 年 4 月に「犯罪被害者・加害者対話センター」と「謝罪文銀行」が設置された。後者は事件の加害者が謝罪の手紙を弁護士会に預け、被害者がその手紙を読んでもよいという気持ちになったらその時点で受け取ることを可能にするものである。

　修復的司法については、加害者との対面が被害者の二次被害を引き起こさないかという心配や、加害者に甘すぎる結果にならないか、再犯防止効果が不十分ではないかという懸念も指摘されている。しかし、修復的司法は被害者のニーズにもっと丁寧に耳を傾け、被害者と向き合わせることで、加害者の真摯な反省とその更生

を目指し、さらには、コミュニティの人々も参加することで、被害者、加害者それぞれのセーフティネットを構築していくという点も期待できるなど、様々な可能性を示している。

〈参考文献〉

浜井浩一・芹沢一也『犯罪不安社会 誰もが「不審者」？』（光文社、2006 年）

宮澤節生・武蔵勝宏・上石圭一・菅野昌史・大塚浩・平山真理『法システム入門——法社会学的アプローチ（第 4 版)』（信山社、2018 年）

三井誠・瀬川晃・北川佳世子『入門刑事法（第 7 版)』（有斐閣、2020 年）

ハワード・ゼア著 西村春夫・細井洋子・高橋則夫監訳『修復的司法とは何か——応報から関係修復へ』（新泉社、2003 年）

索　引

258

索　引

260

〈編者紹介〉

和田仁孝（わだ・よしたか）
　早稲田大学大学院法務研究科教授

西田英一（にしだ・ひでかず）
　甲南大学法学部教授

仁木恒夫（にき・つねお）
　大阪大学大学院法学研究科教授

新ブリッジブック

法 社 会 学
——臨床的アプローチ——

2022（令和4）年 3 月 30 日　　第1版第1刷発行

編　者　和　田　仁　孝
　　　　西　田　英　一
　　　　仁　木　恒　夫

発行者　今　井　　　貴
　　　　稲　葉　文　子

発行所　信 山 社 出 版 ㈱

〒 113-0033 東京都文京区本郷6-2-9-102
電話：03（3818）1019　FAX：03（3818）0344
E-Mail：info@shinzansha.co.jp

©編著者　Printed in Japan, 2022　印刷・製本／藤原印刷株式会社

ISBN 978-4-7972-2942-4 C3332 ￥1700E

さぁ、「新ブリッジブック」の扉を叩こう！

　本シリーズは、グローバル化と変革の中で、新たな価値を創造する力を育成し、翔く人材を育成するための、新たな架け橋 (ブリッジ) です。

　これからの社会の中で、社会人＝プロとして生きるためには、基本の修得と、それを応用していく能力が、日々あらゆる場面で要求されます。高校までに学んできたことは、野球のキャッチボールのような「基本の基本」です。また、これから学ぶ専門分野も、プロから見ればほんの「基本」に過ぎません。ただ、この「基本」の修得が、社会で必要となる応用能力へブリッジともなります。

　野球でいえば、その「基本」である、正確なスローイング、キャッチング、そして、芯でとらえるバッティング、隙を逃さない走塁。これらがうまくできるようになって、チームプレーとしての戦略が可能になります。プロの世界は、「基本」を応用して、高度なアイディアや独創性をもった頭脳的なプレーが要求されます。

　これから学ぶのは、そんな高度なプレーのための土台となる入口です。いきなりホームランは打てません。総合的な視点から「基本」を修得して、多様な世界で活躍していける応用力を身につけましょう。一流プレーヤーになるための第一歩として、さぁ、「新ブリッジブック」の扉を叩こう！

　2020 年 12 月

　　　　　　　　信山社『新ブリッジブック』編集室